『互联网＋』战略下中国市场营销发展研究

王　楠◎著

中国原子能出版社

图书在版编目（CIP）数据

"互联网＋"战略下中国市场营销发展研究／王楠著
. —— 北京：中国原子能出版社，2019.9（2021.9重印）
ISBN 978-7-5221-0018-0

Ⅰ.①互… Ⅱ.①王… Ⅲ.①市场营销—研究—中国
Ⅳ.① F723

中国版本图书馆 CIP 数据核字〔2019〕第 195942 号

内 容 简 介

企业在网络时代，必须转变思想，用互联网思维进行营销。只有这样，才能在互联网时代，把握住属于自己的机会，取得良好的营销效果。本书对"互联网＋"战略下中国市场营销发展进行研究，在分析"互联网＋"战略下市场营销发展现状的基础上，对客户定位、营销策略、大数据营销、社群营销、内容营销、O2O 营销、市场营销新趋势进行深入研究。本书适于市场营销人员参阅。

"互联网＋"战略下中国市场营销发展研究

出版发行	中国原子能出版社（北京市海淀区阜成路 43 号 100048）	
责任编辑	张　琳	
责任校对	冯莲凤	
印　　刷	三河市南阳印刷有限公司	
经　　销	全国新华书店	
开　　本	787mm×1092mm　1/16	
印　　张	16.5	
字　　数	214 千字	
版　　次	2019 年 9 月第 1 版　2021年9月第2次印刷	
书　　号	ISBN 978-7-5221-0018-0　定　价　80.00 元	

网　　址：http://www.aep.com.cn　　E-mail:atomep123@126.com
发行电话：010-68452845

前　言

　　当前我国已经进入互联网时代。互联网对人们的生活方式和思维产生了重要的影响,网络购物越来越普及,数据显示,截至 2018 年 6 月,我国网络购物用户规模达到 5.69 亿,相较 2017 年末增长 6.7%,占网民总体比例达到 71.0%;手机网络购物用户规模达到 5.57 亿,相较 2017 年末增长 10.2%,使用比例达到 70.7%。在网络如此发达的背景下,网络支付也成为主要支付渠道,网络支付用户规模达到 5.69 亿,较 2017 年末增长 7.1%,使用比例由 68.8% 提升至 71.0%。其中,手机支付用户规模为 5.66 亿,半年增长 7.4%[①]。网络的发展给市场营销带来了新的机遇,同时也带来了一些挑战。企业在网络时代,必须转变思想,用互联网思维进行营销。只有这样,才能在互联网时代,把握住属于自己的机会,取得良好的营销效果。

　　本书对"互联网 +"战略下中国市场营销发展进行研究,共八章内容。第一章为"互联网 +"战略下市场营销发展现状,从市场营销的环境变化、网络营销的产生、网络营销的发展趋势三个方面进行研究。第二章为"互联网 +"战略下的客户定位,研究客户的主要数据来源、客户行为和特征分析、客户精准定位的实现三方面。第三章为"互联网 +"战略下的营销策略,对网络营销的产品策略、定价策略、渠道策略、促销策略四个方面进行研究。第四章为大数据营销,研究大数据的价值和机遇、价值数据的挖掘、大数据的商业智能和发展趋势、新环境下的大数据营销策略四个方面。第五章为社群营销,包括社群的构建与运营、社

[①]　42 次《中国互联网络发展状况统计报告》[EB/OL].http://www.cnnic.net.cn/hlwfzyj/hlwxzbg/hlwtjbg/201808/t20180820_70488.htm.

· 1 ·

群运营团队建设、社群营销的实现途径三个方面。第六章为内容营销,对内容营销的特点和意义、内容营销的实施要点和步骤、内容营销的实现途径进行探索。第七章为O2O营销,探讨O2O营销的概念及模式、O2O营销的发展现状、O2O营销的实现路径等方面。第八章为"互联网＋"战略下的市场营销新趋势,从粉丝营销和网红营销两个方面进行研究。

本书理论与实践相结合,在吸收前人理论成果的基础上,对"互联网＋"战略下我国市场营销进行深入的研究和分析。粉丝经济和网红经济是当前市场营销的趋势,本书通过对此进行研究,保证内容具有时代性和创新性。

在撰写本书的过程中,作者参考了相关专家、学者的著作,从中获得了许多有益的成果、见解,谨对他们致以诚挚的谢意。由于作者水平有限,书中难免有不足之处,敬请同行专家、学者和广大读者批评指正。

作　者
2019 年 4 月

目　录

第一章 "互联网+"战略下市场营销发展现状

2018年政府工作报告指出,要大力推行"互联网+"行动,"推动大数据、云计算、物联网广泛应用,新兴产业蓬勃发展,传统产业深刻重塑。"在这样的背景下,企业必须做出转变,必须把握互联网时代新机会,推动市场营销新发展,从而有效提升市场营销的效率与效果。

第一节 市场营销的环境变化

一、数据存储的变化

随着时代发展,数据产生速度越来越快,数量也越来越大,而在数字化时代,掌握数据是企业获得成功的关键。因此,企业应该加强对大数据技术和云技术的运用,加强自己的数据储存和处理能力。

（一）大数据的发展

从字面上理解,大数据是指大量、海量的数据,但大数据并不止如此,在目前并没有一个统一的定义。在IDC的报告中,将大数据描述为:一个看起来似乎来路不明的大的动态过程。大数据并不是一个新概念,只是在近年来开始走向主流并引起广泛关注。大数据并不是指数据实体,而是一个横跨很多IT边界的动态活动。

全球最大的战略咨询公司麦肯锡对于大数据下的定义如下：大数据是指无法在一定时间内用传统数据库软件工具对其内容进行抓取、管理和处理的数据集合。在一个充斥着数据的时代，企业和营销最大的挑战不在于数据本身，而在于如何提出有意义的数据解释。技术和数据手机的进步让营销人员能够追踪、审查并完善数字活动的方方面面。丰富的数据源可以带来更多机会，企业可以从海量信息中更精确地进行产品推广；能够通过分析千万个智能电表数据进行能耗预测，并基于此实施节能举措；还可以从业务表现信息中发掘销售失败的原因以及增加利润的空间。快速比较营销活动与现实结果的能力可以帮助企业不断完善它们的品牌信息和营销活动，通过营销内容更好地与客户和潜在客户建立联系。大数据是矿、是石油，大数据营销是矿和石油的商业化应用之一，而数字营销是客户、数据、技术的全面融合。

大数据是当前数字营销时代不可或缺的重要部分，它可以有效地优化现存的业务，还可以促进新业务模式的开发。由此可见，大数据和新数字技术为各个行业和领域的企业带来了新的生机，使它们可以提供更具针对性的服务，实现进一步发展。

（二）云技术的发展

当前的世界正处于数字和移动的转型期，人们可以通过更多样的截止更快地获得更多的信息。在这一过程中，消费者已经在不知不觉中成为社交媒体的一员，当今很多人将社交媒体作为最主要的协同方式之一。随着全新分析技术的发展，人们的日常业务和消费者生活发生了天翻地覆的转变。

云技术为企业利用数字化趋势的能力而更好地满足客户需求并推动未来增长提供了一种方式。对企业而言，云技术通过第三方外包的方式，提供了企业计算基础设施建设以及站外托管服务。这让企业能够将资源和能力投入到更核心的领域，而不需要在企业内部搭建 IT 基础设施与人员团队。与传统的内部计算系统相比来看,云计算的优势在于全天 24 小时的可接入性、较高的安全性以及更低的成本。如今,"云技术"被运用到了营销领域。随着营销技术增长到一定的程度,营销人员希望拥有一个一站式大平台,可以最大化地整合行业优质资源、最先进的技术以及多方数据来源,有效辅助策略制定和实施商业洞察,提升营销效果。"营销云"便是这样一个营销大平台。目前,"营销云"在国内的发展还在起步阶段,在国内市场上,能够称得上真正意义上的"营销云"平台屈指可数。

（三）物联网的发展

可以说,物联网是这个时代最具影响力的技术发展趋势,它指的是世界上的所有物体,包括人,通过无处不在的一个或多个微型计算机或智能传感器,将所有的数据源源不断地上传到互联网进行流通。在物联网中,任何物体或者人都可以分配一个网络 IP,与互联网联通进行交换信息。汽车轮胎、咖啡壶、人体的肝脏、内衣,几乎所有的东西都能连入网络。迄今为止,物联网已经在较大型的行业比如制造业、公共事业中实现了机器对机器（M2M）的信息联动。海量的数据处理是建立在成熟的云计算和计算基础设施的完善上。

在商业层面,由相互连接的设备组成的世界对企业而言是一个将自身业务推广到世界每个角落的重要机会。为了拥抱物联网,企业营销高管面临的重要挑战在于,他们不仅需要为每一个潜在的客户创造富有吸引力的营销内容与社交互动,而且需要与这些客户的智能设备进行互动。可穿戴设备被认为是物联网生态系统中的一个组成部分,从谷歌眼镜到苹果手表,可穿戴技术涵盖了所有人类可以穿戴的设备。

为了应对新的数字化环境,更好地采用数字化工具,企业需要建立数字为先的范式。

第一,数字营销为先。企业应当以数字营销为先,以传统营销工作配合数字营销工作,才能适应当前以数字为先的消费时代,才能在消费者进行消费决策的系列过程中,在正确的地点、正确的时机输出正确的营销信息以吸引他们。

第二,构建数字营销路径。企业必须构建一个以数字为先的营销路径,形成以数字网络为主的营销网络。通过已经大规模普及的智能手机、平板电脑等数字设备,数字消费者永远在线,并且通过这些设备与数字世界发生互动。企业如果不能构建数字营销路径,就无法在数字消费者的生活中抢占时间与注意力。

第三,创造富有吸引力的数字营销内容。企业还需要构建专门团队、投入专业资源以创造富有吸引力的数字营销内容。这些内容必须具有实用性,能够获得消费者关注,吸引消费者参与网络社区,并鼓励他们分享到各自的社交网络中,形成以消费者为核心的传播网络。

二、信息交换的发展变化

(一)搜索

搜索是互联网最基础的信息工具。借助新的搜索引擎技术,使用数字化信息的便利被极大地增强了。通过搜索引擎查找能够在几秒钟内帮助企业与消费者找到目标信息,极大地提高了业务效率。通过关键词来搜索是最基础的搜索应用,但现时代的计算能力、存储能力以及网络速度已经能够让我们采用更为高深的方法来进行搜索,比如现在用户可以通过语音或者视觉搜索进行查询,结合个人的搜索历史以及定位等信息提供定制化的搜索结果。

从企业层面来讲,许多年来数字营销人员一直在持续推进搜索引擎优化(SEO)的成效。实际上,搜索引擎优化始终是企业增加访问流量的重要工具之一,然而随着更快的计算机处理能力以及机器学习技术、搜索技术的提升,搜索引擎服务商(谷歌、百度等)逐步加大了语义搜索等高阶搜索技术的比重。对用户而言,他们能够获得更精准、更符合自身需要的信息。但是对企业 SEO 工作而言,传统的优化网页、购买关键字的方式可能效果在减退。

云计算、语义搜索技术以及数据积累的发展,让计算机的学习能力都有了飞跃发展。它对用户意图的理解越来越深,也越来越快。在某些环境下,计算机甚至能够预测用户的搜索需求,无须用户输入更多的信息。移动技术、语音识别和大数据能帮助计算机访问大量的互联网、社交、地理定位数据。基于这些数据的过滤和分类,它可以更准确地预测未来的需求和行为。

（二）电子商务

作为品牌网站(企业官网)的延伸与补充,电子商务能够进一步加深企业数字化变革,给客户提供非常便利的方式了解、比较、购买商品并获取服务。在过去,可能许多企业都认为,电子商务只是一个补充渠道,但是最近几年的蓬勃发展以及在电商大潮中形成的新商业巨头阿里巴巴,已经让企业难以忽视这样一个事实:电子商务已经颠覆了传统的业务模式,是对传统模式的一种升级改良。

当前,国内中产阶级规模不断扩大,80后、90后成为消费的主力人群,他们的消费诉求也从生存型消费向享受型消费、发展型消费转变,更加青睐高品质、时尚化的商品和生活。用户消费习惯的改变必然带来营销方式的变革,传统的降价促销方式已不能完全满足年轻消费者的需求,国内的电商营销也开始转型升级,不仅仅体现在卖货的层次,并开始围绕精致的生活理念做起文章。

如今客户期待在企业的所有渠道获得高度一致、强关联、易于相互转换并且便利的用户体验。在这种背景下,企业必须确保它们的电子商务平台不仅提供在线交易的服务,而且整合电子商务、社交媒体以及移动平台形成一个统一的体验。或者更进一步,将线下线上渠道统一或者说整合起来,为客户提供全方位的购买体验。

拥有良好视觉表现手段的电商网站可以帮助用户搜索最合适的产品,在短时间内既能对比不同产品的价格方案,又能提供安全、迅速的支付手段。用户通过它可以很方便地评论购买体验。同时它还能帮助企业建立品牌信任。一般被认为是电商的消费者可能只是数字化程度更高的年轻群体,但事实是电子商务的用户在几乎所有的消费群体中获得了迅速扩张。

移动电商是电子商务的一个新方向,这得益于最近几年中智能手机、平板电脑的迅速普及。2015年,超过一半的手机用户享受过一次移动端的购物。移动电商的交易额第一次超过PC端口,这说明移动端的电子商务将成为主要的交易渠道之一。对于企业而言这个变化意味着电子商务用户出现在不同的屏幕之前,而且时常在不同的屏幕之间进行转移。甚至,许多用户会在实体渠道交易时,采用移动手段来进行交易比较。具备前瞻性的企业开始主动运用移动电商手段来提升实体交易体验,首先获得推广的是基于近场通信技术(NFC)的移动支付。国内移动支付巨头微信与支付宝在培养用户使用移动支付习惯方面投入了大量的资源,而现在它们还需要应对全球领先企业苹果公司的移动支付产品——苹果支付(Apple Pay)的竞争。

移动电商能够帮助实体商店收集了更多的交易数据,从而能够进一步优化用户体验,提供更具个性化的购买建议,这缩小了线上线下交易的交易体验差距。移动电商模糊了物理世界与虚拟世界之间的界限,推动线上线下交易的融合,最终形成高度集成、全渠道的购物体验。

(三)网络口碑

网络口碑是指基于互联网所分享的企业或者品牌的正面及负面信息。企业的口碑一直存在,但是在网络数字时代,它变得极为重要而且无法忽视。互联网的匿名性,让客户更自由地分享对企业的看法,而不再担心分享行为对现实行为的不利影响。互联网的传播效率,使现实社会中分散的、片段的口碑变得更为集中和一致,并能以指数级的速度迅速扩散。企业在某个区域市场中的失误,很可能会在几个小时内被传播到世界的每个角落。互联网的信息类型丰富,能够让口碑的接受者获得更多、更丰富、更贴近真实体验的信息。网络口碑帮助用户更深入地了解企业信息,降低交易的不确定性,因此也可以提升交易的可能性。企业需要时刻关注网络口碑中的形象,并积极利用这一渠道提升营销传播的效率。

（四）品牌网站

供给侧改革的时代背景下,国内的广告业的角色认知开始发生改变,由"促进销售为王"向"打造品牌为王"转型升级。首先,国内当前有影响力的品牌寥寥无几,经济处于全球产业链的低端,只有打造更多的全球性品牌,中国经济才能实现供给侧的结构性改革;其次,品牌化可以带来稳定的消费增长,推动消费整体升级,还可以形成诚信的消费文化;最后,所有的品牌都是在与消费者的关系深度发展中成长起来的,品牌化可以形成供给侧与需求侧互相促进、良性互动的大格局。

品牌网站(企业官网)是品牌在互联网上的核心阵地。通过搜索等方式导入的流量,大多数都会指向品牌网站,品牌网站已经成为数字消费者最主要的信息来源,还可以帮助企业做客户吸引、客户营销、客户服务的实体业务功能。作为商业组织的数字旗舰店、信息展示中心以及在线分销体系,品牌网站必须扮演多种角色,培养新的销售线索,维护现有客户。

（五）移动支付

移动支付给消费者提供了以下两个优势:方便和安全。消费者通过手机就能够实现支付功能,而且消费者的财务信息并没有保存在一个物理实体上,而是在高度加密的云端服务器中。

移动支付拥有多种技术实现方式,其中短信验证码、二维码以及近场通信支付技术是最常见的三种方式。近场通信支付技术允许商家通过信用卡刷卡机贴近消费者手机来完成一次信用卡支付。

（六）App

智能化移动设置的数量激增，使用户越来越依赖移动搜索功能。通过谷歌的数据可以看出，94%的用户会搜索位置信息。除了社交应用程序和本地搜索应用程序，零售企业的移动应用程序（App）在今后几年将变得更加普遍。当然，微信作为一个大型的 App 已经可以替代很多单应用 App，这也是企业决定是否投资 App 之前应该权衡的因素。专用 App 能提供更为明确的行为目标，以及简单、直接的用户体验。

三、客户互动的数字化发展

随着网络时代来临，客户互动也发生了转变。企业为了更好地开展营销，就应该把握这一转变，应该开始关注社交媒体、人工智能和虚拟现实在营销中的作用。

（一）社交媒体

大数据、云计算等互联网技术的飞速进步正推动国内电商营销产业不断升级和变革。"电商＋社交"的营销方式，最大特点就是精准定向、用户洞察和效果分析。电商平台向广告主提供开放的数据管理平台，将自身积累的用户消费行为数据、来自媒体的用户社交行为数据和来自广告主的真实用户购买数据进行对接和整合，精准描绘用户画像，以用户深度洞察助力广告主实现精准投放。

社交广告可以洞察用户的个性需求，在多场景中打动用户内心的情感诉求，因此，越来越受到广告主的喜爱。从 2016 年开始国内社交媒体平台的商业模式开始逐渐清晰，社交广告的增长已经成为腾讯和微博收入增长的新引擎。

2016年,视频直播实现全面移动化和泛娱乐化,随着新兴直播App的兴起,视频直播全面注入社交基因,直播现场也从固定场景向任意场景延伸,运用社交关系或粉丝关系来进行直播已然将直播全面推向大众,全民直播时代已经到来。从目前的运营来看,直播的盈利十分可观,根据华创证券预估,2020年直播行业市场规模将增长到1 060亿元。

新媒体技术的发展,社交媒体真正实现了"多点互动"的状态,自媒体时代催生出越来越多的网络红人。通过内容生产根植网络,产生粉丝效应,形成自带渠道与流量,甚至拥有人格化的个人品牌,这些原本都是诸如报纸、杂志这样的传统媒体的优势,如今网红几乎全部拥有,并逐渐演化成优质内容的专业生产者,甚至可以称之为一种新媒介。

信息化社会,信息爆炸的一个反面就是信息杂乱,而优质内容却很少。从受众需求层面来看,内容为王,对优质内容的期望远胜于媒介选择本身,这也是优质内容自媒体得以胜出的原因。所谓网红媒介化大抵就是这样一个过程。

（二）人工智能和虚拟现实

人工智能和虚拟现实近年来受到了极大的关注,而这也成为人们追捧的对象,尤其是对于年轻人来说,这种高新技术引起了他们足够的注意。

就当前的发展可以看出,在未来人工智能将会成为人类生活不可缺少的重要部分。通过人工智能,人们可以进行智能的信息检索,可以控制家电用品,可以进行道路导航甚至可以实现代驾。随着人工智能的不断发展,键盘和遥控器可能成为历史,人们会直接通过自己的人工智能管家管理自己的生活。

维基百科对人工智能下的定义如下,研究、开发用于模拟、延伸和扩展人的智能的理论、方法、技术及应用系统的一门新的技术科学。也就是说,人工智能研究的目标是使机器可以像人一样视、听、触、感觉及思考,现在研究出的人工智能包括指纹识别、人脸识别、虹膜识别、专家系统、智能搜索、逻辑推理、博弈与辩证处理等。

人工智能与虚拟现实之间有所区别又相互联系的。人工智能创造的是一个接受感知的事物,虚拟现实创造的是一个被感知的环境。人工智能的事物可以运用在虚拟现实环境中,可以通过人工智能进行模拟和训练。但随着技术的不断发展,这两者会逐渐相互融合,这在交互技术子领域中会表现得更为突出。对于这种融合我们可以这样解释,在虚拟现实的环境下,配合逐渐完备的交互工具和手段,人和机器人的行为方式将逐渐趋同。

虚拟现实设备或产品,或将成为手机的下一个移动设备替代品,这种替代就像智能手机替代了台式电脑一样。但即使设备变化,人类的本性也不会发生改变。即使手机在一定程度上代替了电脑,但是通过观察就可以看到,人们利用手机采取的行为实际上是之前利用电脑实施的行为,因此,即使手机被虚拟现实设备替代,人类行为的本质并不会改变。

虚拟现实的不断发展,在各个领域开展虚拟现实营销也成为全新尝试,这种营销方式可以为人们带来遇见体验式的购物体验,可以激发人们的购买欲。基于增强现实的外部特性,几乎所有的 AR 工具都是通过移动设备如智能手机、平板电脑、可穿戴设备的应用程序(App)来实现的。增强现实为我们的生活和日常交流提供了增强的数字体验。为了实现这一效果,需要一个传感器或者摄像头获取现实世界的图景或信息。当前许多增强现实的创业公司都在为谷歌眼镜开发应用程序,因为谷歌眼镜拥有增强现实所必需的传感器和摄像头。在中国,地产的建筑设计和观房体验、航空工作人员培训,正在使用 VR 和 AR 技术来升级。

当前,虚拟现实技术带来了全新的"沉浸式"营销体验。目前比较成熟的"沉浸式"互动应用大致有两类,即游戏和视频。利用虚拟现实开展营销活动可以是视频,也可以是游戏,但绝对不能单纯地以 3D 形式对产品广告进行重新包装。"沉浸式"体验是一种个性化、私密化的体验,而在这样的平台中利用强硬的广告开展营销绝对不会产生好的效果,反而会阻断用户的"沉浸"状态。

就当前的虚拟现实技术的应用层面来看,游戏所占的比重较大,但很多人认为视频才是推进虚拟现实普及并广泛应用的有效途径。但是不论是采取游戏还是视频途径,虚拟现实都可以将数字营销带入"沉浸式营销"的时代。虚拟现实技术可以帮助品牌构建全新的"沉浸式"体验平台,使人们真的体验到"身临其境"的营销,并且可以改变互动模式,从"描述解释"转化为"实时体验"。

虚拟现实是"第四代媒体",也是引领未来发展的新媒体,虚拟现实营销有自己的独特之处。在拥挤的网络环境中,虚拟现实营销可以改变互联网生态。

第二节　网络营销的产生

一、网络营销的含义

从营销的角度来说,可以把网络营销定义为:通过互联网相关的技术和水平,借助互联网来进一步实现销售过程,使顾客的需求得到相应满足的一种更为有效的手段。

从网络营销含义来看,它的内容包括很多,其中包括新时代的互联网传播媒体、未来的信息高速公路、数字电视网和电子货币支付方式等。网络营销相比起普通营销来说,要更为便捷,但是总体来说,还是离不开普通营销的基本手法。网络营销人员在营销过程中,需要做好相关的市场调查、客户分析、生产监督、销售策略、售后服务等重要环节。

（1）网络营销,实际上就是销售。在互联网使用越来越普及的今天,网络营销的应用也变得更加广泛,能够熟悉掌握这种方法的人,在市场上可以占据一席之地。因此,对于网络营销,要做到一个正确的理解。或许会有很多人认为,网络营销仅仅是在网上开个网店卖东西。其实并不是这样的,严格来说,网络营销的内涵要比这个理解深沉得多,可以说它既包括在网上卖东西,同时还包括其他的重要内容。

（2）网络营销的目的并不仅仅是为了促进网上销售,很多情况下还可以表现为了提升企业的品牌价值、进一步加强与客户之间沟通、改善对外信息发布渠道的拓展和对顾客的服务等。而且进行网上销售的推广手段,不能仅仅依靠互联网进行营销,往往还要采取许多传统的方式,如传统媒体广告、发布新闻和印发传单等。

（3）网络营销的基础性内容就是进行网站推广。现在的企业家非常善于利用网络对自己的店铺和产品进行相关推广,他们经常会在各个论坛、新闻频道等处打广告。2014 年下半年至 2015年上半年最火热的网站推广当属微商,朋友们可能仍然能够在朋友圈看见铺天盖地的广告。

此外,无论是优酷、爱奇艺等网站的视频广告还是 SEO 优化网站内容或构架以提升网站在搜索引擎的排名,等等,诸如此类的广告信息都属于网站推广的一个方式。但是,需要注意一点的是,单纯的网站推广效果并不会很好,这就要求在开展网络营销的时候,一定要制订出全面、系统的计划,只有这样才能达到预期效果。由于网络营销并不仅仅局限于互联网,因此,制定一个较为完整的网络营销方案,除了在网上做推广之外,利用传统营销方法也是很有必要的,将网上和网下适度地结合起来。

（4）网络营销和电子商务有着密不可分的联系,可以说网络营销是电子商务的基础,在具备开展电子商务活动的条件之前,企业同样可以开展网络营销。因此,网络营销只是一种手段,在今天,无论传统企业还是互联网企业都离不开它,但网络营销本身并不是一个完整的商业交易过程。

（5）网络营销不是孤立存在的,它无法脱离传统的营销部门。

事实上,网络营销应纳入企业整体营销战略规划。网络营销活动应该被当成是传统营销在互联网上的进一步应用和发展。网络营销与传统市场营销在策略之间不会形成冲突,但是,由于网络营销主要依赖互联网的应用环境而具有自身的特点,因而有相对独立的理论和方法体系。在营销的具体实践中,传统营销和网络营销往往是一种并存的状态。

综合起来说,推行网络营销并不是最终的根本目的,它只是辅助使用的一种手段而已,最终目的仍然是为了帮助企业,使其销售业绩能够有一定程度的提升。它具有明确的目的和手段。

所有企业的网络营销的总和,其实就是综合利用各种网络营销方法、工具、条件并协调它们之间的相互关系,从而更加有效地使企业营销的目的得以实现。

二、网络营销的产生

20世纪90年代初,Internet的飞速发展在全球范围内掀起了一阵不可阻挡的互联网热潮,各大公司均通过互联网提供相应的信息服务,对公司的业务范围进行开拓,并且按照互联网自身所具有的特点进行企业内部结构的改组以及新营销方法的探索,于是,网络营销应运而生。

网络营销为企业提供了能够适应全球网络技术发展与信息网络社会变革的新技术和手段,形成了符合现代企业跨世纪的新型营销策略。网络营销的产生,具有特定的技术基础、观念基础和现实基础,是多种因素作用共同的结果。

(一)技术基础:Internet的发展

随着Internet在全世界的飞速发展和广泛普及,Internet已经逐步并主要成为一种具有全球性的迅捷和方便的信息沟通渠道。作为Internet的最大应用领域,Internet在商业领域的应用已经显现出巨大威力和发展前景,现代网络市场的发展是迅速而巨大的。

市场营销是一个能够为个人和组织实现交易而进行相关规划和实施创意、产品、服务构思、定价、促销和分销的具体过程。对于如此巨大和快速发展的网络市场，传统营销中的理论、方法和手段很难发挥出其一定的作用，而依托 Internet 产生的网络营销，用新的理论、方法和手段，针对网络市场的特征实施网络营销活动，将可以更有效的促成个人和组织交易活动的实现。

（二）观念基础：价值观的变革

随着现在经营战略理论的不断发展，传统的以产品为核心的4P（产品、价格、渠道和促销）理念已经逐步转换成以客户为中心的4C（顾客、成本、方便和沟通）理念，满足消费者的需求越来越成为企业的经营核心，随着互联网在商业领域应用的进一步发展，全球各企业纷纷上网为消费者提供有关各类的信息服务，并把利用科技作为发展的一种重要途径。

因此，消费者观念的改变，可以说是为网络营销奠定了一定的观念基础，这主要可以从消费者的心理和网络营销的特点进行以下理解。

1. 网络社会消费者心理变化的趋势和特征

当今的企业正在面临着前所未有的竞争，市场也正在由卖方垄断逐渐向买方垄断进行演变，消费者主导的营销时代已经到来。在买方市场上，消费者面临的商品和品牌更为复杂，这一变化使消费者的心理呈现出以下特点和趋势。

第一，个性化消费的回归。在很长的一段时间里，由于低成本的目标造成了工业化和标准化、单一化的生产方式，使消费者的个性逐渐被淹没，另外，在经济短缺和几乎垄断的市场上，消费者仅仅有着很小的选择范围。而在市场经济得到充分发展的今天，产品的数量和品种都变得极为丰富。在这种情况下，消费者完全能够以个人的心理愿望去购买自己所需要的商品和服务。

从理论上看,任何消费者的心理都不相同,每一个消费者都可以被看作一个细化市场,个性化消费正在也必将再度成为消费不可阻挡的一股主流。

第二,消费者的主动性增强。随着社会分工日益细分化和专业化,消费者对购买的风险感随着选择的增加而逐渐上升,而对传统营销中的单向"填鸭式"沟通开始感到厌倦和不信任。在网络市场中,商品信息获取的便利性极大地促使了消费者会主动通过各种可能的途径获取和商品有关的信息并进行分析比较,通过比较,消费者能够获得一定心理上的平衡和满足感,使其对所购商品的信任感有一定的增加,进而减轻对风险的恐惧或是购物之后出现的后悔感。

第三,购物的方便性和趣味性的追求。在信息社会的高效率之下,产生了一批工作压力大、生活节奏快的消费者,他们在选择购物时,往往以方便性作为首选,追求时间和劳动的成本最低,而另外由于劳动生产率的不断提高,他们可供支配的时间逐渐增多,这时,他们都希望通过购物来进行消遣和寻找生活中的乐趣,而网络消费的出现正好使这类人的购物乐趣得到了相应的满足,使他们和社会保持密切的联系,进而减少了心理孤独感。

第四,价格是影响消费心理的重要因素。在市场竞争的过程中,企业经营者一般会采用成本最低化战略、差异化战略以及专一化战略,营销活动的组织者总是希望通过各种营销手段,以差异化来让消费者对价格的敏感度有所程度降低。但是,无论怎样,价格始终都是占据消费心理的一个重要因素,在先进营销技术的运用中,价格的作用仍然举足轻重。这就要求企业,在运用先进技术在网络环境中对自己的营销方案做相关指定时,一定要把价格的因素考虑周全。

2.网络营销的优势和吸引力

随着互联网的应用和发展,并以先进的信息技术为基础的网络营销的优势和吸引力主要可以从以下方面理解。

第一,网络营销可以实现全程营销的互动性。传统的营销管理主要是以 4P 理论作为指导,而现代的营销管理则主要是以 4C 理论作为营销理念,但是这两种营销理念都是基于企业必须实行全程营销,即必须由产品设计阶段就开始充分考虑消费者的需求和意愿。传统的营销,由于在消费者和企业之间没有做到有效的沟通,使消费者一般只能对现有产品进行批评或者建议,大多数的企业也没有足够的资金用于了解消费者的潜在需求。在网络环境下,企业可以通过现代先进的信息技术以极低的成本在营销全过程中即时收集消费者的信息,且消费者也有机会对产品等一系列问题提出自己的建议或者意见。这种双向的互动沟通,在很大程度上使消费者参与的积极性得到提高,同时也使企业的营销决策更有了针对性,消费者的满意度也逐步提高,从而在总体上提高了企业的核心竞争力。

第二,网络营销强调个性化的营销方式。网络营销的特点之一,就是能够以消费者为主导。消费者有着比过去更大的选择自由,他们完全可以根据自己的兴趣和需求在全球范围内,寻找能够使自己满意的产品和服务。消费者可以随意进入自己感兴趣的企业网址或是虚拟商店,并在同时随意获取产品或服务的信息,最终自行决定购买与否,使网络购物变得更具有个性化。比如海尔集团生产的左开门冰箱就是个性化营销一个很好的例子。这种个性消费的发展将促使企业必须对其营销策略进行重新考虑,以消费者的个性需求作为企业提供产品及服务的出发点。并且,企业也要逐步提高以较低成本进行多品种小批量生产的能力,为个性化营销打好扎实的基础。

第三,网络营销可以提高消费者的购物效率。由于信息社会的快节奏,使得消费者的闲暇时间变得越来越少,人们对自己的闲暇时间也越来越珍惜,他们往往会进行一些更有意义的活动,因此,花费在购物上的时间也越来越短。在传统的购物方式下,买卖过程通常需要花费很多时间,加上往返的购物路途和逗留时间,消费者在购买商品时就需要付出很多的时间和精力。而在网络环境下购物,就会大有不同,消费者在获得大量信息和得到乐趣的同时,会在瞬间完成购物的全过程。

第四,网络营销拥有价格优势。网络营销,在一定程度上来说能为企业节省巨额的促销和流通费用,对于消费者来说,甚至可以绕过中间商直接向生产商订货,使降低产品的成本和价格成为可能。

消费者在全球范围内可以寻找最优惠的价格,便于以很低的价格实现购买。

3. 竞争是网络营销产生的现买基础

当今社会市场的竞争变得日益激烈,企业为了能够在竞争中取胜,会想尽各种方法去招揽顾客,传统营销已经很难帮助企业在竞争中出奇制胜。

网络营销的出现正好解决了这个棘手的问题,企业实施开展网上营销,不但可以节约大量店面租金,可以减少库存商品和资金的占用,可以使经营规模不受场地的限制,还可以方便地对客户的信息进行采集等。这些都使得企业经营的成本和费用有所降低,运作期缩短,从根本上增强了企业的核心竞争力。

三、网络营销优缺点

网络营销是当今备受青睐的营销模式。与传统营销比较,了解网络营销的优点与不足,才能更好地促进网络营销的发展,进一步为消费者提供优质的产品和服务。

网络营销与传统营销的目的不同。传统营销的营销目标是注重量,尽可能多的产生消费,让消费者尽可能多的购买产品和服务。而网络营销的目的是与消费者建立关系,加大消费者对商家的依赖性,提高品牌知名度和信赖感,以便可以与消费者进行更多的交易。

（一）网络营销的优点

1. 减少成本

网络营销与传统营销相比,可节省一部分的成本。

第一,产品原材料采购是一项很费时费力的工作,占据了员工很大一部分的时间和精力,通过网络却可以让这一步骤变得简单,将产品采购与制造相结合,省时省力。

第二,传统营销方式进行市场调查需要很高的人力资本,投入大量的金钱和人员进行前期调查,并且时间长。而通过网络进行网络促销就会降低这方面的成本,网上促销的成本相当于直接邮寄广告花费的 1%,利用网络发布广告的平均费用仅为传统媒体的 3%,在成本和销售环节都可以节省下一大部分资金。

第三,传统市场营销需要花费大额资金进行流通,而网络营销不需要这个环节大大降低了商家的营销成本。这也使商品成本和价格下降成为可能。

2. 个性化营销

网络营销是一种以消费者为中心的营销方式,相比传统营销更为注重消费者的个人偏好,整个营销过程都是以消费者为主,定制符合消费者消费个性的营销方案。营销的本质是清除销售障碍,让商品或服务更加顺畅的由生产转移到消费者的过程。

网络营销注重消费者的消费体验,在产品设计、服务管理等方面进行调整,制定个性化的营销方案。这种营销方式更有针对性,目标人群更明确,尤其在当今的网络信息时代,消费者每天都接受大量信息,个性化营销日益重要起来。

3. 高效性

网络营销利用网络信息传播高效快速的特点,实现了营销效率的提升。不仅传播信息具有高效性,在与消费者沟通方面网络营销也具有高效性。传统市场营销商家并不能及时的与消费者进行沟通,但在网络环境下这就是可以实现的。商家可以通过公告版、网站论坛、E-mail 等形式,加强商家与消费者之间的联系,有效了解消费者的需求,减少商家的无用功,帮助商家更快捷的实现销售目标。

4.有助于与消费者建立良好关系

通过网络,网络营销带给消费者更好的消费体验,增加了与消费者直接交流的便利性,避免不必要的浪费。同时消费者会因为个性化的服务对商家满意度提高。在消费过程中,商家可以为消费者提供各种帮助,使营销变得更加人性化、个性化。

（二）网络营销的缺点

1.安全性待加强

随着我国互联网技术的发展,网上在线支付已经成为常态。虽然在网络交易过程中,会有一大批支付软件和网络银行提供的安全保障措施,但相较于传统的面面交易还是有一些安全方面的隐患。也不时会有相关的网络支付事件发生,使得一部分消费者为了避免财产损失不敢进行网上购物。在线支付的安全问题急需解决,只有保证了消费者的财产安全,消费者才能安心购物,营造更好的网络营销环境。

2.价格比较敏感

网络上各种信息齐全,大大提高了信息的透明度,这也使得商品的几个变得透明,消费者只需在网上检索就可以知道商品在不同商家的价格,以便选择性价比最高的商品。这对商家而言就可能导致他们的价格战,以此引发商家的商品利润降低。如果这种价格战变成恶性循环,反而不利于市场发展。

3.真实感缺乏

很多消费者不适应这种隔着屏幕看商品的消费方式,他们会觉得没有眼见为实,会担心商品到手后和自己想的不一样。也会担心网上购物如果发现产品有问题会不会不能退换、没有售后。所以商家应该想一些新方法让消费者对产品的真实性更加肯定，多方面多角度展示商品，以获取消费者的安心。

第三节 网络营销的发展趋势

一、移动化趋势

（一）移动营销的内涵

随着网络技术的发展和移动终端的开发，人们使用移动终端获取信息成为主要方式，这也就促进了移动营销的发展。

移动营销指面向移动终端用户，在移动终端上直接向目标群体定向及准确地进行信息传递，通过与消费者的信息互动达到市场营销目标的行为。移动营销是在强大的云端服务支持下，利用移动终端获取云端营销内容，实现把个性化即时信息精确有效地传递给消费者个人，达到"一对一"的互动营销目的。移动营销是网络营销的一部分，它由"网络营销"（Online Marketing）和"数据库营销"（Database Marketing）理论融合而成，是目前看来最有潜力的营销方式。

（二）移动营销的主要内容和发展

移动营销是基于一定的调查、深度研究目标客户群，制定全面的营销计划，运用多种营销手段，来完成产品的销售预期的营销方式。无线营销是整体解决方案，它包括短信回复、彩铃、彩信、声讯、流媒体等。短信群发是移动营销的手段之一，是移动营销整体解决方案的一个环节。

随着智能手机占领手机市场，用户对无线网络的要求被提出,这就促进了移动网络的发展,而移动网络的发展加快了移动营销发展的进程。移动网络、网络营销、移动营销三者的关系被联系在一起。

移动营销可以提高品牌知名度,打开商品市场;方便收集客户资料并进行分类;提高客户满意度以提高客户对企业的信赖度。这最终都将增加企业收入。

随着移动互联网技术的发展,移动营销受到越来越多的重视,移动营销显然已经成为新时代的宠儿。相对传统网络,移动网络更即时、更快捷,并且它使用户可以无视时间地点的进行上网活动。据CNNIC数据显示,截至2018年6月,我国手机网民规模达7.88亿,上半年新增手机网民3 509万人,较2017年末增加4.7%。网民中使用手机上网人群的占比由2017年的97.5%提升至98.3%,网民手机上网比例继续攀升,如图1-1所示①。可以说,使用手机上网已经成为一种趋势,手机上网使人们可以更快捷、便利地获取信息,实现各种网络活动,适应现代人快节奏的生活方式。

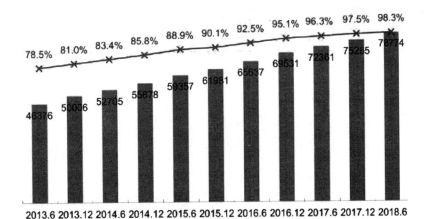

图1-1 中国手机网民规模及其占网民比例

---

① 42次《中国互联网络发展状况统计报告》[EB/OL].http://www.cnnic.net.cn/hlwfzyj/hlwxzbg/hlwtjbg/201808/t20180820_70488.htm.

无论在什么年代,营销都是众商家的热议话题。无论企业的规模大小,无论在什么时代,做买卖都绕不开营销这个话题。随着智能移动终端的不断发展,以及移动网络技术的不断进步,全新的移动互联网时代来临,移动营销也成为众商家热捧的新型营销方式。当前,消费者可以通过移动互联网快速简便的查询商家信息,商家也可以通过这种查询性为追踪消费者,这样便于商家对消费者开展营销行为,达到销售目标。

二、碎片化趋势

(一)营销碎片化的内涵

随着广告与数字化的出现,营销碎片化的问题暴露在大众视线中。用来说明盲目实施营销策略,造成多人在同一事物上费尽心思,做出多种花样,结果却毫不明显甚至毫无效果。当今网络营销早已出现碎片化问题,这一问题也引起了广泛关注和相关专家的热烈讨论。在经济快速发展的今天,如何合理解决这一问题一直是营销人员的重要研究课题。

(二)碎片化时代的营销观

1.广告的吸引力降低

曾经那个物质匮乏的时代,一件商品配上一句广告词就能吸引大批消费者蜂拥而至。在物质充足的今天,人们的消费欲望不是一句广告词就可以轻易引起的了。

改革开放初期,人民经济水平稳固提升,人们的消费欲望开始膨胀,经济能力也可以负担得起这种对物质的追求。然而,这个时期的信息技术还处于初级阶段,信息传播速度迟缓,信息传播方式单一,人们一般都是通过纸媒、广播和电视这三种主要媒体获得信息,广告自然成了那个时代传播商品信息的主要工具。

对广告信息的需求促使我国广告行业在这一时期得到快速的发展。以此为契机,国外的 4A 广告公司涌入我国,他们带来了先进的信息技术和管理理念,同时为广告行业带来更大生机。那时,到处可见的广告和宣传语充斥整个市场,勾起人们的消费欲望,广告形象更是深深感染和吸引着当时的消费者。以可口可乐为例,那个时期的可口可乐早期宣传画是喝可口可乐的时尚少女,让人们认为喝可口可乐就可以和宣传画中的少女一样时尚美丽,这大大刺激了人们的消费欲望,可口可乐早期宣传画如图 1-2 所示。

图 1-2 可口可乐早期海报

随着时间的发展,传统广告的强大作用还在持续,比如"怕上火喝王老吉""爱她就请她吃哈根达斯"等广告语,带动人们前去消费。因为当时的宣传主要通过广告,所以人们对产品广告有依赖性,那个时期的广告不需要在创意上下太大功夫,只要把信息传递出去,消费者便会蜂拥而至。那是的商品广告可以引起直接速效的反应,人们的态度和行为都受到广告的影响。

直到互联网的出现,互联网刚出现时只是为了发布信息、传递信息,并没有太多其他功能,所以传统的商品宣传方式依然行得通。然而随着互联网的发展,以及各种终端的普及应用,信息传播的结构被打破,传统三大媒体统治市场的局面发生变化,互联网这一新型媒体大份额抢占信息传播市场。消费者不再只能通过传统广告获取商品信息,人们获取信息的渠道越来越多。大量的信息充斥人们的生活,让人们有更多的选择,人们开始获取自己想要的信息,而不是被动接受商家想要消费者获取的信息。尤其是网络搜索功能的不断进化对传统广告传播是一个不小的打击。对比中国互联网络信息中心(CNNIC)第十二、十三期的调查数据:经常浏览网络广告的分别占19.0%和12.4%,有时浏览的分别占49.0%和46.9%,很少浏览的分别占27.7%和34.7%,从来不浏览的分别占4.3%和6.0%。

由此就可以看出人们对待广告的态度的变化,经常浏览广告的人数变少,很少浏览以及从不浏览的人数增多,人们越来越不关注广告。这就证明广告对人们的吸引力不断降低,曾经不太动心思就能吸引大批消费者的时代不再有了。

2. 广告大军进入互联网市场

商家发现自己发布的广告不如以前那样吸引消费者了,他们的第一想法是别的商家通过广告抢占了自己的市场份额,所以他们会想加大自己的广告宣传力度。

商家一般会认为,广告效果不好一定是宣传力度没有竞争对手强,想要让自己的品牌被大众熟知,就必须和其他商家争广告市场的地盘,加大自己的占有率。

信息技术的发展为消费者带来了更多信息获取渠道,同时为商家发布广告提供了更广阔的平台。有消费者的地方,商家的广告就会铺天盖地而来。

互联网具有传播成本低、覆盖面广、传播速度快和信息精确性更高的特点,这更加有利于商家发布广告。从1994年10月美国《Wired》杂志网络版首次出现 AT&T 公司等 14 家客户的旗标广告开始，互联网广告开始高速发展，Banner、弹窗广告、搜索关键字、视频贴片等广告类型层出不穷。这种现象导致了各种商品广告遍布整个网络，打开网页眼前都是广告，反而使消费者无法快速找到自己想要的信息，也就让消费者对这些广告产生厌烦感，有些人索性不再去浏览。

刚能通过网络观看视频时人们欣喜若狂，相比通过电视观看节目，观看网络视频更加方便，时间也更加随意，而且再也不用担心电视剧中插播广告了。然而随着网络发展，商家发现了新的商机，开始在网络视频中插播广告。视频开头，中间都被插入广告，现在一些片头广告长达 90 秒，片中还要插入两到三条广告，这严重影响了人们的观影体验，让人们心生厌烦。

但广告资源争夺战进行的火热，商家并不在意大量投放的广告让消费者心生厌烦，反而变本加厉的增加广告投放量，疯狂地抢占广告市场。占有大份额的商家沾沾自喜，自认为自己打了一场胜仗，然而却遗忘争夺广告资源是为了吸引消费者，而非驱赶消费者。

一味盲目地增加广告数量，会造成用户对广告产生抵触情绪，更进一步恶化了广告投放的效果，对商家来说是吃力不讨好。同时这对媒体也并非好事，大量广告信息影响消费者的观影体验，导致了自己本身的客户的流失。这背后反映出的不仅是现有广告位资源的枯竭、商家和媒体经营者的无奈，更是新的营销模式的匮乏。媒体没有采取适应时代的营销手段，影响创收；用户对现有广告形式的厌恶导致商家达不到营销预期；在现有营销框架下，广告公司的发挥空间也被压缩，价值得不到体现。这种情形下，需要一种适应此情况的全新营销模式，打破僵局。商家该如何利用媒体进行品牌营销的问题，需要从内容和形式两方面重新进行思考。

3. 回归原生的共感

"如果目标是让内容被看见，广告就必须原生。"碎片化时代营销除了关注广告占有率，更需要关注如何吸引消费者的注意力。

商家可以通过不停增加网页硬广告的发放，更多抢占媒体资源插入视频广告，但用户可以选择不去接收这些信息，他们可以直接关闭网页或者在广告播放的时候并不去关注广告而是做其他事情，这是用户的选择，商家无法左右。商家和媒体虽然想尽办法地将广告展现在用户面前，但却无法保证广告内容被用户看见，更不用提对用户产生影响。硬广告日渐式微的作用已显而易见，商家和媒体也在努力寻找新的宣传方式。"我们正在把更多的广告投入转到数字化媒体、搜索、社交、视频和移动上，因为消费者在这方面花的时间越来越多。"宝洁首席财务官乔恩·默勒（Jon Moeller）在 2015 年年初的一次电话会议上说道。商家发布广告永远都是为了吸引消费者的注意力，只有成功吸引消费者广告才可能成功。这也正是目前商家所面临的问题，在消费者被各种广告逼迫的心生厌烦的情境下，该如何重新吸引大众的目光。

现有广告之所以惹人厌烦，很大一部分原因是其形式过于呆板生硬，且对用户在进行网络活动时进行物理的打断，降低用户体验，从而引起人们的厌烦。想要重新赢得消费者的注意力，首先要做到给予消费者足够的尊重，保证不打扰用户的上网行为，改变广告呆板生硬的固有形象。在内容上，将以产品为中心变为以消费者为中心的广告创意方式，将消费者作为广告主体，融入消费者的生活，突出消费者在广告中的重要性。这样的广告才可以让消费者产生认同感，觉得广告内容与自己有关，这样的广告才可能被大众接受。这其实是一种原生的思维，即在视觉上将广告融入所投放的网站当中，形式、风格与网站保持一致，做到不突兀；在推送方式上注重用户体验，做到不打断、不干扰；在广告内容上要对用户有实际价值，做到有益于用户。概括来说，所谓的"原生"就是指"为某个或者某些网站和平台而生"。

三、场景化趋势

（一）场景营销的内涵

随着科学技术的更新,场景营销的手段也随之变化,内涵也被不断扩充。为了更好地了解场景营销,首先在这里说一些与场景营销相关的概念定义。

布迪厄认为,"场域"是一种被赋予特殊引力的合理构型,它能够使具有相似特征的用户聚集到一起,从而形成一种亚文化的力量。场域是在高度分化的社会中存在的具有相对独立性的社会小世界,具备自身的逻辑性。各个场域相互独立,相互之间不可跨越支配其他场域。可见,无论是"场景"还是"场域",都离不开对时空物理范畴的界定以及对活跃在特定时空中的人的关注。

1. 时空划分场景

时间和地点是描绘场景的物理维度,时空变化会使得场景也产生变化。同时,时间和地点也在一定程度上影响着人的行为。人们的行为受到环境的影响和制约,在一个场景中适当的行为换一个场景也许会变得奇怪。因此,人们有了一定在不同环境下表现出不同行为的固定行为习惯。布迪厄将习惯定义为场域中特定的"性情倾向系统",习惯可以是生理上的,也可以是心理上的,并且据有相对持续性。例如过年要回家团圆是行为习惯也是心理需求;各个假期即使知道游人如织也要出门旅游也是一种心理习惯。这不仅体现在生理上需求,也是心理上想要得到放松的需求。

一旦形成习惯,便会进而发展成心理上的行为依赖,在人们的潜意识层发挥作用,这是具有稳定性的一种行为。但是,习惯形成后也可以发生改变,习惯会随着环境变化和人们心理变迁产生变化,这种变化是很正常的。例如,曾经我国没人会去过西方的情人节和圣诞节这种节日,但是环境的影响使得现在越来越多人开始过各种各样的"洋节"了。又比如近年来越来越火爆的"双十一"购物节,这种行为就是随着这种过节气氛下诞生的行为习惯。

2. 人格驱动行为

人是场景中的核心,人的行为受到时空的影响,但最终主导行为和习惯的还是人本身。布迪厄曾说,"场域是习惯的寓所,没有独立存在的习惯,只有与场域相关的习惯"。但同时,"习惯的形成与各人的生活环境和社会经历相关,包括了个人的知识和对世界的理解。因此,习惯具有双重历史性",一方面,习惯的形成受社会环境本身的影响,另一方面,习惯的社会化需要通过一代人的行为感染。因此,习惯既是个人的,又是集体的。

每一代人都有自己与众不同的生活方式,不同时代的人日常生活分析如图 1-3 所示。

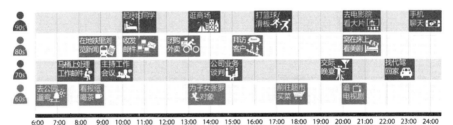

图 1-3　60 后、70 后、80 后、90 后的日常生活分析

90 后有着紧密的社交生活,甚至刚醒就要联络朋友联络同学,这是他们一天的开始。女生结伴逛街游玩,男生约好一起运动打游戏。到了傍晚,他们会吃个饭看场电影来消磨时间。结束一天的活动,在回家路上到晚上睡觉互相又会通过手机天南海北的聊天。

80 后已经步入社会,追求生活与工作的平衡。他们在上班途中坐在地铁上用手机浏览即时新闻,到了公司由处理邮件开始一天的工作,中午时分通过订餐应用订午餐外卖,下午继续手头工作或是外出拜访客户,下班回家后吃完饭窝在家里追追新剧补补旧番。

70后会将生活重心放在工作上。早晨还未上班,就会在家中处理工作邮件;随后,到单位开始正式工作;晚餐也大多出于交际应酬的目的忙到深夜,然后找个代驾乘车回家。

一些已退休60后的生活相对更加惬意,享受时光是他们的生活重心。他们会早起去公园遛弯锻炼身体,然后回家沏一壶茶,看看报纸或是电视;午睡后,找点自己爱干的事情打发时间,在孩子下班回家前去菜市场或超市买些食材回家准备晚饭;吃过晚饭,看两集电视机里定点播出的电视剧。

（二）场景营销的分类

1.基于生活情境的场景营销

广义上的场景营销早已经开始存在。在人气火爆的音乐节上销售啤酒,在高速公路出口附近设置快餐类食品广告牌等,这些已被消费者习以为常接受的营销手段,其实就是场景营销的雏形。其本质是在特定的时间和地点,洞悉由环境和情境所触发的消费需求,而后提供相关的产品或服务,建立品牌与人之间的关联。

2015年,可口可乐与全美第四大影院Carmike合作,在北美280多家影院投放了名为《电影感动你我》的广告,广告展现了三对恋爱初期的情侣在观看电影时一些尴尬、羞涩却又爱意十足的"小动作"。这些只会发生在这一阶段,且只会发生在电影院里的"小动作",让男生和女生的关系更亲密,使他们的感情更上一个台阶。这则广告每次都能引得观众大笑。或许,他们也因此而回忆起了自己青涩年代的第一次牵手和第一次拥抱。

贴近生活是场景营销的最大特点,然而,因为没有技术作支撑,这一类场景营销只能走进人们的线下生活。众所周知,由互联网构筑的虚拟世界已经成为我们日常生活中不可分割的一部分。特别是近几年移动互联网的发展,使人们的线上生活与线下生活已经达到了相互渗透、高度融合的程度,两者已很难切割开来,现实和虚拟也难以区分。这些环境的变化驱动着场景营销应势发展,走入人们的新生活。值得高兴的是,技术的不断创新也为场景营销的升级提供了动力。

2. 基于传统互联网的场景营销

以前人们一直认为通过互联网投放广告价格低廉效果好,但随着信息爆炸的加剧,如今传统的网页广告已经很难有效地提升企业网站的转化率。因而,商家开始研究探索一种新型的营销方式,达到精准有效的面对客户群体并产生消费的效果。2003 年,Google 开始运用通过 PC 端口依托传统互联网而执行的场景营销运作模式。Google 通过网络搜索引擎的功能,将大量的网页内容呈现在人们面前,并通过搜索关键词将与网页内容相匹配的广告以弹窗广告和横幅广告等形式发布在网页上。之后,Google 对此功能进行升级,他们根据用户的搜索记录,向用户推送与搜索内容相关的广告。

这种帮助商家准确找到目标受众,并及时向目标受众推送广告信息的营销方式也就是最早的、原本意义上的场景营销。这一类场景营销所利用的是用户在进行网上检索活动时的线上场景。简单来讲,就是网页、网站等网络信息发布的媒介环境。这种营销模式的关键在于通过发布与用户搜索目标相关的信息,引导其后续网络行为路径,以达到信息海量曝光的目的,能否取得成功的关键在于争取更多的入口和流量。

对于这一类型的场景营销还可以进一步分类。

（1）隐蔽式的场景营销

隐蔽式的场景营销这是指基于浏览器追踪技术的广告推送和基于关键词分析的搜索引擎广告的营销方式。在旅游、景区网站上会有附近酒店饭店的广告,订好机票或者火车票会有目的地的旅游酒店等信息的推送,这些都是生活中很常见的隐蔽式场景营销。有趣的是,泰诺公司为治疗头痛的药做过一次创意十足的隐蔽式场景营销,公司将广告投放于证券交易网站,当股票单日跌幅超过一定百分比后,这种头痛药的广告就会在网页上弹出。这类的隐蔽式场景营销其实在很多地方都有所体现,是一种比较常见的营销方式。

（2）公然式场景营销

公然式场景营销是指基于从产品到产品的协同过滤技术,商家可以在网站上推送与用户曾经搜索或购买过的同类或相关产品的广告。美国亚马逊就是这一技术的发明者,也是公然式场景营销的先行者。比如,人们在进行网上购物时,会出现以"猜你喜欢"为标题的一些品牌或是产品的信息广告推送,这就是典型的公然式场景营销。

与传统的网页广告相比公然式场景营销改进了传播到达率低的现状,但这种营销模式仍旧存在很多问题。第一,这种营销模式基于用户浏览和搜索的关键词,并不具备进一步解析用户喜好的能力,所以有时会导致场景误入的现象。例如,当网民在网上查询景点信息或是订机票时,会有酒店信息的推送,但很有可能用户已经订好了酒店,此时再推送酒店信息是白费力气的。第二,这一类场景营销所推送的广告信息带有滞后性,因为这类场景营销的发生空间在互联网上,然而很多消费需求发生在人们的线下生活中,在线下这种营销方式就失灵了,无法及时向消费者推送符合当时情境的广告信息,也就错过了使消费者产生消费的时机。第三,在 PC 端线上活动时,由于人的自由度较小,相应的需求也随之减少。对品牌而言,有价值的接触点也较少。

由此可以看出,虽然基于传统互联网的场景营销在一定程度上改善了传统网页广告的一些缺点,但还远远不够,这种营销方式的嗅觉不够灵敏,对场景的要求也很受限,了解消费者的需求却不能很好地满足消费者。

3. 由"五原力"驱动的新型场景营销

移动互联网与 PC 互联网两者的区别是,传统的 PC 互联网你要追着互联网走,移动互联网则是与人们如影随形得。更加方便的上网条件调动了人们进行网络活动的积极性。同时相比传统互联网，移动互联网通过移动设备进行上网活动，而移动终端的使用者具有单一性，这为商家进行网络营销提高精准度有所帮助。

移动互联网改变了人们的生活方式。当今社会，人们可以在网上进行一系列的消费，甚至可以说人们可以通过线上购物代替线下购物，在家就可以置办齐全一切生活所需用品。与此同时，一些移动新技术为人们消费提供更好的消费服务，通过在线支付可以轻松支付，通过在线比价人们可以选择性价比最高的商品进行选购。互联网尤其是移动互联网的飞速发展，使得移动支付发展态势良好，据第42次《中国互联网络发展状况统计报告》显示，截至2018年6月，我国网络支付用户规模达到5.69亿，较2017年末增加3 783万人，半年增长率为7.1%，使用比例由68.8%提升至71.0%。网络支付已成为我国网民使用比例较高的应用之一。其中，手机支付用户规模增长迅速，达到5.66亿，半年增长率为7.4%，在手机网民中的使用比例由70.0%提升至71.9%，如图1-4所示。同时，随着线上线下通道的打通，越来越多的人在线下购物时选择网络支付，据统计数据显示，截至2018年6月，网民在线下消费时使用手机网络支付的比例由2017年12月的65.5%提升至68.0%[①]。

移动互联网将线上和线下联系在一起并对它们进行重组，人们可以更方便地进行购物，消除了传统网络的局限性，同时在这个过程中，消费的便利性又催生出许多碎片化场景中新的消费需求。如今，很多人都会通过二维码扫描接入互联网，这是一种十分普遍的网络接入方式。移动互联网使人们的消费方式发生改变，同时也为商家进行场景营销提供了更好的条件，商家可以根据受众所处的特定时间点、空间场域传播实时定制化的信息。

---

① 42次《中国互联网络发展状况统计报告》[EB/OL].http://www.cnnic.net.cn/ hlwfzyj/hlwxzbg/hlwtjbg/201808/t20180820_70488.htm.

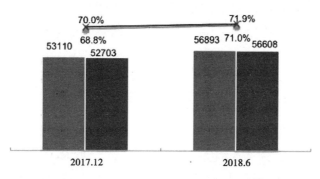

图 1-4 中国网民网络支付 / 手机网络支付用户规模及使用率[①]

移动设备(MOBILE)、社交媒体(SOCIAL)、大数据(BIG DATA)、定位系统(LBS)和传感器(IOT)是推动场景营销在移动互联网时代发展的五大技术元素,如图 1-5 所示。

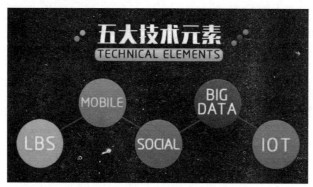

图 1-5 推动场景营销在移动互联网时代发展的五大技术元素

定位系统(LBS):卡特琳娜·费克是美国一家名为 Findery 定位服务公司的首席执行官和创始人,她认为,"无定位,不场景"。"场景"是由时间、地点和人物三个要素组成的,是在一定的时间和空间内,发生的一定的人物行动的展现。而定位系可以提供时间地点两个要素,是进行即时场景营销的关键。

移动设备(MOBILE):移动设备是指可以随身携带的移动计

---

① 42 次《中国互联网络发展状况统计报告》[EB/OL].http://www.cnnic.net.cn/hlwfzyj/hlwxzbg/hlwtjbg/201808/t20180820_70488.htm.

算设备,包括手提电脑、平板电脑和智能手机等,移动设备也在不断地进行更新,将来会有更多类型的设备进入大家的视线走入大家的生活。移动设备是进行移动网络场景营销的平台,是场景营销的发展基础。

社交媒体(SOCIAL):场景营销的本质是根据场景采取适当营销方法,然而场景本身就是具有凝聚性的。在当今这个网络时代,网络社交成为人们生活的一部分,社交媒体就成为场景营销的新阵地。社交媒体可以凝聚有相同特质的用户群体,建立线上场景。

大数据(BIG DATA):收集统计数据的目的是了解数据来源的行为模式和消费习惯,数据来源于人,而目前人们在移动互联网中的活跃程度产生了大量的数据。通过对大数据进行分析,商家就可以更加有深度的了解消费者群体的情况,从而加大商品定位的精准度,达到广告效益更优化。因此,大数据是新型场景营销的知识力。

传感器(IOT):传感器通过传感技术模拟人类感受,以达到了解用户行为和想法的目的。现在的智能手机平均配备七个传感器,而这个数字肯定会随着技术发展而增加。移动设备通过传感器了解消费者的行为,收集数据,与定位系统相配合。传感器是帮助此类场景营销渗透消费者线下生活的融合力。

新型场景营销能够帮助商家更加了解消费者需求,以更好地为消费者提供商品和服务,同时商家本身在营销过程中也可以有所收获,商家可以根据消费者需求对产品和服务进行改进,进一步促进商家的发展。在这五个技术元素的基础上发展的场景营销可以为商家和消费者双方带来福利,是一种符合现在营销市场要求的营销方式。

第二章 "互联网+"战略下的客户定位

网络能完成"精准推荐",而一般在精准的推荐之前还需要完成一些事情,其中,第一件事就是通过大数据对客户具体的行为进行分析。客户产生的具体行为是推进实现精准营销的一个相当重要的依据。因为只有明确客户的具体需要,才能有计划地进行精准营销,这就需要对相应的数据进行整理收集,学会巧妙利用手中的数据对客户的具体行为洞察,从而为客户定位打下坚实的基础。

第一节 客户的主要数据来源

一、精准营销数据的获取渠道

（一）大数据

互联网几乎颠覆了传统的市场营销,精准营销成为这个时代的重要营销方式,而精准营销离不开数据的支持,而大数据的第一步正是数据搜集。

研究精准营销的客户数据来源,首先要搞清什么是大数据。其实业界对于大数据并没有一个明确的定义,但大数据有三个明确的特质:海量、多样和快速。从形式上来说,大数据可以被分为两类:结构数据和非结构数据。

所谓结构数据就是可以直接使用的数据,如 Excel 表格中关于价格、销量等信息的数字数据;而其他数据则被统称为非结构数据,如微博上发的图片、论坛里的帖子和土豆网的视频等。在大数据中,非结构数据占据了数据总量的 80%。

从大体上说,精准营销需要的数据十分广泛,而这些数据的重要获取途径主要有三个,如图 2-1 所示。

图 2-1　精准营销数据来源

1. 商业数据

商业数据是指企业自身的各种管理系统产生的数据,如企业 ERP 系统、POS 终端以及网上支付系统等,这也是企业最主要和最传统的数据来源。这些数据是企业独有的珍贵资产,由于是企业内部产生的重要数据,也能够更为快速地转化为对企业决策有效的信息。

沃尔玛作为世界最大的零售商,每个小时都可以收集 2.5PB 的消费者数据,其数据存储量是美国国会图书馆的 167 倍。早在大数据进入公众的视野之前,沃尔玛就已经因为其完善的大数据计划而受益匪浅。

沃尔玛在 20 世纪 90 年代就已经开始对其零售链中产品进行数据化管理,从而使得企业能够快速获得产品的销售速率、库存等数据信息。对于消费者数据的收集,沃尔玛不仅不局限于消费者的购买清单、消费额等信息,还会将消费者的消费日期以及当天的天气、气温等信息一并记录下来。通过对结构化和非结构化数据的综合分析,沃尔玛能够发现各种商品之间的关联性,从而优化商品陈列,刺激消费者的购买行为,提高商品的销售速率,这也是沃尔玛能够采取"啤酒+纸尿裤"等商品陈列组合的原因所在。

沃尔玛不仅收集传统商业数据,同时还利用网络收集各种客户数据,不断丰富自身的数据库,提供更好地产品和服务。随着社交平台的盛行,消费者已经习惯于在脸书(Facebook)和推特(Twitter)上发表自己对于某种产品的评论以及喜好,沃尔玛则会对这些数据信息进行搜集并加以利用。近几年来,沃尔玛收购了一批的中小型创业公司。这些公司都特点鲜明,要么是精于数据挖掘和算法模型的科技公司,要么就是专于移动、社交领域的互联网公司。通过对社交平台上的数据挖掘,沃尔玛如今已经能够根据每个地区消费者的消费偏好,优化当地超市的产品结构。沃尔玛甚至开发出了社交应用,帮助消费者标记出他们所谈论的产品在当地沃尔玛超市中的位置所在。

亚马逊是网络零售业的领军者,相较于线下零售业巨头的沃尔玛,亚马逊在数据收集上拥有强大优势。亚马逊的两大核心业务就是电子商务和云服务,它们背后的关键则都在于数据。在电子商务方面,亚马逊会记录和追踪消费者的购买记录、浏览记录、运输方式的选择以及页面停留时间、个人详细信息等大量数据;与此同时,亚马逊还拥有全球零售业中最先进的数字化仓库,通过对数据的搜集、整理、分析,以最优的产品结构进行精准营销和配送。亚马逊的云服务则是通过不断加强自身大数据所需的基础设施建设以及增强数据分析软件,又将它出租出去从而实现效益。

2. 传感器数据

近年来,传感器技术得到了广泛应用,在数据搜集的角度来说,传感器是十分具有潜力和想象力的一条途径。传感器的主要使用目的是追踪物品的位置,并记录佩戴传感器的人或物的热量、振幅、声音等数据。而当大量的传感器连接在一起形成一个连入网络的传感器群时,其对于个人数据的搜集能力是相当强大的。

目前传感器已经在很多领域普及应用,例如,在智能手机、可穿戴电子设备、办公室等多个环节都应用了传感器技术。如果哪家公司可以掌控所有的传感器,它将成为切实的"监视者",它可以监视到人们日常生活中的每个角落。

Cisco 和麦肯锡等科技公司均认为传感器将会是对未来各个行业发展起到重要作用的技术,指出在数据搜集领域更是十分重要。虽然预测内容不同,但有一个共同点是,传感器的增长数量和极限容量都是相当惊人的。

大数据时代兴起了精准营销,但是实现精准营销的前提就是搜索精准营销需要的各种客户数据,其中最基础的就是从企业内部进行客户数据搜索。互联网虽然具有海量的数据,但却需要企业具备相关的筛选能力,而传感器数据则将成为未来相当重要的一个数据来源。

3. 第三方数据

随着移动互联网的发展,全球大数据呈现井喷式增长,大数据越来越受到重视,也催生了很多的互联网市场调研公司,如CNNIC、Alexa、艾瑞易观、尼尔森,甚至连谷歌、百度这样的搜索巨头也推出了基于互联网的数据分析机构。这些组织机构通过收集、调查、分析,掌握了海量的数据信息,这些数据信息成为不少企业开展经营与营销的依据。

除了这些大牌的数据分析公司外,市场上还存在许多第三方数据公司。第三方数据公司是商业社会的重要组成部分,它们对产品和用户的调研数据,能够影响用户决策和广告主投放,直接促进某款产品的销量,或者带来广告效益。第三方数据公司是商业活动中的卖方,主要是为客户提供数据方面的服务。在巨大的市场需求和行业竞争下,企业需要什么数据,第三方数据公司就会提供什么数据。

很多数据公司提供的相关数据能够推动精准营销,这同时也是一种最简单的数据获得形式,因为单靠自己的能力去获得客户的数据,是一件比较困难的事,而通过从第三方数据公司进行购买,则能把存在的人力、物力等问题有效解决,也就是说,想要获得属实的客户数据只需要花钱购买就能实现。市场上的一些数据公司一直专注于第三方数字营销监测、分析和优化,通过对大数据不断地采样、验证、建模,然后得到一定的数据,进而使得这些数据对于企业营销起到很大的推动作用。这也是很多企业一掷千金买报告、买数据的主要原因。虽说通过购买的方式去获得所需要的数据是一种非常简便的捷径,但是难免也会存在问题。其中,最大的弊端就是一些第三方数据公司所提供的数据不准确。

除此之外,一些数据公司号称知名的分析师也都是鹦鹉学舌,根本没有独到的分析和观点,这种情况下提供的数据也只能是一些普通化的数据,它们的主要来源仅仅是厂商自己的一些口头分享,完全没有值得借鉴的意义。所以,这就进一步提醒企业,要想从第三方获得精准有效的客户数据信息,就要在进行选择的时候选择具有一定知名度的第三方数据公司。

(二)关键词搜索

搜索引擎的出现与发展为客户数据进行相关搜索提供了便利,搜索引擎是根据一定的策略、运用特定的计算机程序从互联网上搜集信息,在对信息线进行组织和处理后,为用户提供检索服务,将用户检索相关的信息展示给用的系统。企业要想利用搜索引擎的方式获得客户数据,就要设置好相关的关键词。

在进行设置关键词的时候,有一个前提就是对于核心关键词要予以明确的确定,只有核心关键词确定了,才能保证数据搜索过程中的准确性。实际上,每种产品的名称都可以看作是一个核心关键词,如"保健品、保健器材"的核心关键词主要就是"保健"。

把核心关键词设置好后,还要针对核心关键词定义下的扩展词进行一个设置。当进一步确认好这些关键词后,就要找到合适的关键词工具,如谷歌的关键词工具、百度的竞价排名提供的指数等。以上论述的是关键词搜索时的一般步骤,而要想利用关键词有针对性的搜索并能够获得潜在客户的数据,方法是很讲究的,具体的方法如表 2-1 所示。

表 2-1　关键词搜索法

搜索引擎方法	操作方法
Importers 法	在 Google 中输入产品名称 +importers（importer）
关键词 + 引号	搜索 "产品名称 importer" 或者 "产品名称 importers",在输入时加引号
Distributor 法	输入产品名称 +Distributor
Price 法	输入 Price + 产品名称
Buy 法	输入 buy + 产品名称
关联产品法	输入产品名称 + 关联产品名称
Market research 法	输入产品名称 +market research
优秀买家法	输入产品名称 + 行业内优秀买家公司
E-mail 搜索法	输入客户网站 + 邮箱

依照表 2-1 中所述的搜索方式,企业可以快速找到目标客户,并且可以获得较为全面的客户数据信息,有了这部分数据,就可以进行有针对性的营销。除此之外,还要把握一定的原则。

1. 不要盲目追求火爆关键词

火爆关键词虽然能够在很大程度上获得相关的数据信息,但是有一点需要知道,就是所获得的数据并不精准,所以在对关键词搜索进行利用时不要以"火爆"作为选择关键词的一种依据。

2. 避免选择定语过多的关键词

在针对关键词进行选择的时候,尽量选择定语少一些的关键词,因为如果定语过多的话,被使用的概率就会越小,会导致搜索的信息就越片面。

3. 寻找最容易被使用的关键词

在进行关键词搜索之前,一定要先对市场进行针对性的调查,找出客户最容易使用的相关关键词,对这些关键词加以利用并进行相关搜索,能够轻松获得客户的信息数据。

（三）社交媒体

社交媒体是指允许人们进行撰写、分享、评价、讨论、相互沟通的一种网站和技术。伴随着社交网络的蓬勃发展以及数字时代的到来,客户的声音在社交媒体中随处可见,这就为企业获得客户数据提供了便利。

要想把精准营销做到位,必须把客户的需求、意见等恰当的利用起来,而数字时代的来临很好地把这一问题解决了。在互联网时代,通过人们在社交媒体平台上产生的大量数据进一步对人群进行划分以及深入的分析,从而对客户进行更有针对性的营销,这已经成为众多尤其是传统行业特别关注的热点。

当下,社交网站、微博、微信、博客、论坛等都属于是社交媒体。把精准营销做到位,就应该学会合理从这些社交媒体上获取客户的相关数据。获取客户数据的方式如表 2-2 所示。

表 2-2 客户数据获取渠道及方式

社交媒体	客户数据
社交网站	社交网站主要有 Facebook、Twitter、Linkedin、人人网等。社交网站快速增长的用户数量和活跃的用户活动,留下了大量的用户行为痕迹。企业可以利用社交网络数据发现消费者的行为倾向,从而推出适合消费者的商品,并制定营销策略
微博	当下,微博用户数量庞大,以新浪微博为例,其月活跃用户数量和微博日活跃用户数量分别达到 1.3 多亿和 6 000 多万。这些用户在微博上留下了足够多的数据,这些数据能够为企业开展精准营销提供便利
微信	当下,微信用户多达 6 亿,月活跃用户达到 396 亿。通过对用户增长数、图文页阅读数等数据的深入分析,企业能够更好地知道用户的喜好,从而做出让用户喜欢的产品
博客	虽然相对于微博、微信来说,博客已经稍显过时,但是它还拥有一定数量的用户,这些用户会在博客上发表一些评论,说出自己的喜好同时还有一些用户的身份信息。这些数据都对精准营销的开展具有借鉴意义
论坛	论坛本身就是有相同兴趣爱好的人聚集在一起进行专业讨论的公开平台,所以在这里开展互动活动,用户的参与度会比较高。企业可以利用公众论坛,如天涯论坛、豆瓣社区等,也可以利用自己创造的论坛,通过在论坛发帖或者查看他人帖子的方式,得知用户的需求、喜好等方面的数据,为精准营销作铺垫

二、营销数据库的构建与更新

不同的行业和企业对于营销数据库的构建具有不同的需求，因此行业不同、企业构建不同的营销数据库会存在一定差别，但是在构建数据的过程中，不论是什么行业或企业都需要遵循一定原则，如图 2-2 所示。

图 2-2　构建营销数据库的原则

（一）更新维护

数据是动态的，会随着时间进行代谢，因此企业在构建营销数据库时必须及时更新数据。处于生命不同周期的消费者会表现出不同的偏好，他们的消费偏好还会受到其他各种因素的影响。企业的营销数据库一定要成为一个动态的数据库，需要不断更新和维护，以确保自己的营销数据库中拥有最新的信息。在对企业营销数据库的更新和维护中，企业不能吝啬自己的精力和金钱，要不然，辛苦建立起来的营销数据库也将失去意义。

（二）妥善保存

随着信息技术的不断发展，数据储存有大数据与信息技术提供技术支撑，对于一般的企业来说，购买大一点的存储空间并不需要投入超高成本。在这一前提下，企业在构建营销数据库时一定要重视对各种原始数据的妥善保存，尤其是对消费者基本信息的保存。

大数据技术能够让企业从原始数据中挖掘出极大的价值,而且不同时期对于原始数据的分析,都能满足企业不同的运用和发展需求。随着大数据技术的发展,数据中所蕴含的价值也会不断增长。但如果原始数据出现严重缺失,那么就只能陷入"巧妇难为无米之炊"的尴尬境地。

(三)确保安全

互联网的发展一方面可以为人们带来更便利的生活体验,但同时互联网也极大地提升了信息透明度,对信息安全性造成了威胁。对于个人而言,信息泄露会造成各种生活困扰,也可能使得人们面临被欺诈的风险;而对于企业而言,数据泄露不仅会让企业失去一项重要的资产,更有可能使得企业消费者面临损失,使得企业失去消费者的信任,这对于企业而言近乎"灭顶之灾"。

因此,企业一定要确保自己的营销数据库的安全,通过建立数据库管理和维护机制,不断加强安全管理。然而,确保数据安全并不意味着企业要"敝帚自珍",那只会让自己陷入"数据孤岛",适度的开放与合作还是有必要的。

(四)区别对待

企业构建数据库,搜集各种数据,必须要做到对信息进行区别对待,因为信息获取的渠道不同,其价值也有一定差别。商业数据是企业自身运营过程中积累的数据,这些数据一般具有极高的价值,它们不仅具有极高的真实性,而且源于企业产品或服务的直接消费者,这能够帮助企业清晰地认识到目标消费者的需求。而从其他渠道搜集到的数据,则可能存在真实性的问题。这些数据中蕴藏着大量的潜在消费者,但在对这些数据的挖掘中,需要企业拥有更多的耐心和更好的技术,以及较强的分析能力,毕竟它们不能直接为企业提供所需的信息。

因此,企业构建自身的营销数据库必须将商业数据放在重要位置,要分层次管理营销数据,大量营销数据必须分清主次,以此为科学运用数据进行精准营销提供屏障。当然,区别对待并不是说企业能够忽视其他渠道搜集到的数据,而是要分清什么数据能够成为企业营销决策的直接依据,什么数据只能作为参考。

第二节　客户行为和特征分析

一、目标消费群体分析

企业开展营销活动,目标消费群体是其最主要的营销对象,这主要是因为目标群体是企业产品的主要消费人群。例如,某公司生产的是导航仪,那么该产品的目标消费群体就是有车一族;如果某公司生产的是英语学习机,那么该产品的目标消费群体就是中小学生以及他们的家长。所以目标消费群体分析可以说是客户定位的另一种方式。

不论是什么行业或企业,都必须让销售和消费者需求挂钩,这是商业领域的永远不变的森林法则。有需求的客户会有很强的购买欲,例如,小区里的居民每天都要买菜,每天都会用油、盐等,这些都是生活必需品,这些物品被用完时,就是最合适的销售时机。通过对自己手中的数据进行分析,抓住客户的基本需求,能够有效地锁定这些目标消费群体。目标消费群体的定位可以细分为多个维度,如图 2-3 所示。

（一）场景

根据不同的场景,目标消费群体的需求也不尽相同。例如,某公司一管理层职业女性在工作和生活中对服装风格、档次的要求并不相同,于是应在分类上进行差异化的定位,将产品进行场景分类,而户外、家居、家纺、化妆品等类目也是一样的情况。在办公环境下,一般的消费者更追求产品本身的功能性和观赏性,除此之外对于品牌的追求可能更多的是产品的舒适感、实用性等更加切合实际的功能。

图 2-3 目标消费群体细分

（二）年龄

人生的不同阶段的奋斗目标和生活水平有很大差异,所以不同年龄段的人群的消费水平也不同。

（1）18～23岁的消费者

该年龄段的消费者大多为在校学生,有一定的消费基础,但由于消费的是父母的钱,所以他们在低价和高性价比上有过分的追求,但家庭条件比较好的客户可能更喜欢昂贵的商品。

（2）24～28岁的消费者

该年龄段的消费者大多为刚刚走出校门或处在升职期,往往需要构建家庭和为以后打算,所以这样的人群是最有消费能力的,但是迫于家庭的压力等因素,这部分人消费能力现在处于下滑趋势。

（3）29～35岁的消费者

该年龄段的消费者一般不会轻易在自己身上花费太多,而在为父母、子女购买商品时,偶有大手笔的投入,消费能力呈现上升趋势。

（4）35岁以上的消费者

虽然网络已经普及应用,但是35岁以上的消费者中仍然有较大一部分并不会或者是不愿意通过电商进行消费,这就导致这部分消费者的消费能力略有下滑。

（三）风格

这里所说的风格主要是指目标客户群的风格定位,或是产品本身的风格定位。每个人的审美观念不同,不同风格的商品的目标消费群体也是不同的。

（四）性别

企业进行精准营销,首先需要明确目标客户群的性别,一些企业在进行商品销售时并不注重分析目标消费群体的性别,认为很多产品的购买者性别比较固定,认为男人不会买裙子但实际上并不一定如此。例如,销售男装,目标客户群就只是男性群体吗?女性就不会买吗?调查显示,有40％左右的男装购买人群为女性。除此以外,不同的组合会有不同的定位,例如,情侣装、亲子装就是性别定位下的延展品。

（五）职业

不同职业的消费群体除了其职业化的功能性、风格性用途之外,更重要的是不同职业群体的消费水平也不同。例如,收入水平较高的白领或金领,他们具有一定的消费能力,对于这样的受众人群,定位和定价要相对偏高;而那些收入相对较低的受众人群,往往更加追求产品本身的性价比,对于这样的受众人群,定价和定位要相对较低。

二、客户需求分析

企业进行市场营销首先要找准市场,而客户需求就是市场,就是说,企业开展精准营销必须将有需求的客户当作对象。例如,刚买了车的人一定需要买车险;刚买了手机的人大多需要为自已办理一张电话卡,所以通常情况下,企业只有分析客户的需求后,才能进行销售,就像商家永远不会向没有头发的人推荐洗发水一样。

企业一直都强调要尽可能满足客户需求,将客户需求为中心,但是在实际操作过程中却很难。事实上很多企业的破产、倒闭,最后都可以归结于远离了客户。如今,通过数据分析来洞察客户需求已经是企业发展壮大的重要途径。

企业要想在激烈的竞争环境下凸显其竞争力,发现客户需求要精确到个体,依据个体需求来提供定制化服务。而企业想要知道客户需要什么,就要像医生给病人看病一样,学会望、闻、问、切。

（一）望：通过数据观察客户

在客户需求分析中,"望"就是用数据对客户进行全方位的分析和进行大致的定位,通过观察客户的所处环境和行为特点两大信息来对客户进行判断。

（1）行为信息。客户的一举一动都是有特殊意义的,例如,某一客户经常在互联网搜索某种化妆品,那么互联网的另一端就能对这名客户进行简单的刻画：她应该是一名女性,想购买某种化妆品。

（2）环境信息。看客户的爱好、品位以及周围的环境,例如,某一商场的会员信息显示的是在高档小区,那么该会员的消费水平应该是很高的。

（二）闻：通过数据了解客户

数据带来的信息量的多少就在于用户分析、倾听了多少,目的是开始深入了解客户。例如,一家超市的会员购买记录显示在5月14日、5月28日、6月10日和6月22日,除了购买日常的生活用品之外,还购买了纸尿裤和奶粉。由此可以很容易得出结论,该会员家里有婴儿。通过对这些数据进行认真分析,可以大致推断出她下次购买的时间应该在 7 月 5 日左右,那么商场就可以在 7 月 5 日之前向这位会员发送促销短信,就可以带来有效转化。

（三）问：挖掘数据的核心价值

企业想要掌握精准营销数据最核心的价值,就必须对客户数据进行深挖,这个过程可能需要更多的数据来佐证其是否为核心价值,而通过"问"的方法是挖掘数据的核心价值的重要途径。还是以上述超市的会员购物为例,通过对该会员半年的消费记录进行分析,发现她前两次购买了 A 品牌的纸尿裤,而之后每次都用 B 品牌的纸尿裤,这就说明该会员逐渐偏向使用 B 品牌的纸尿裤,那么在推荐时就尽量避免向其推荐 A 品牌的商品。

（四）切：为客户提供个性化产品

通过科学的数据分析,企业可以将客户精准定位到某一坐标点上,企业需要围绕这一精准坐标为客户提供个性化产品或服务。例如,上面说到该会员放弃使用 A 品牌纸尿裤,那么 A 品牌的纸尿裤肯定是有什么原因导致该会员放弃购买,那就找到 A 品牌纸尿裤的缺点,通过对两种品牌的比较,找到该会员想要的那种类型的纸尿裤,再通过类比的方式找到该会员对于其他商品的选择态度,帮助商家和企业推出更贴合客户实际需要的产品。

三、客户行为分析

大数据的客户行为分析是企业、商家在拥有基本数据的情况下,对有关数据进行统计、分析,从中发现用户的行为规律,并将这些规律与营销策略等相结合,从而发现目前网络营销活动中可能存在的问题,并为问题进一步修正或重新制订营销策略提供依据。

（一）客户类别分析

企业进行客户行为分析的前提是对客户进行分类,以此对客户进行正确定位。每一类客户的行为都是类似的,但每一类客户的行为与其他类型的客户又存在相当大的区别。从营销的角度来看,可以将客户分为四类,如图2-4所示。

图2-4　客户的分类

1. 方便型客户

这类客户追求的是购买的方便性,例如,支付的便捷、选择的便捷、收货的便捷等。他们一般没有太多的时间花在购物上,但这类客户的消费能力是不可忽视的,所以这就有一个矛盾,就是他们大部分有消费能力,但是不愿动手,这是商家要考虑周到的。

2. 个性化客户

这类客户的消费没有定性,一般是凭自己感觉,只要自身满足、觉得合适就会购买,在价格和品牌上并没有太多的要求。

3. 道德型客户

这类客户通常会关注知名的企业和品牌的产品,因为他们比较信任大品牌和口碑较好的商品,所以这类顾客一般都有一定的消费能力。

4. 经济型客户

这类客户的消费能力不是很强,因为他们不会花太多的时间和金钱在消费上,即使消费,关心最多的便是商品的价格,所以这类客户归类为消费水平一向较低。

（二）客户行为的影响因素分析

人们在进行消费时,消费行为会因为一些原因出现一定变化,也就是说,消费者的行为是一个"变量"。正是因为消费者的行为会受到各种因素的影响,所以在客户定位过程中就带来了严峻的考验,因为获得的数据不是恒定不变的,所以摸清影响消费者行为的因素,是对用户进行长期定位的必需手段。影响消费者行为的因素主要有四种,如图2-5所示。

图 2-5　消费者行为影响因素

1.社会环境因素

（1）科技环境因素,即某一新兴技术产品的问世对于原有科技产品的冲击,如智能手机对诺基亚的冲击。

（2）经济环境因素,即宏观经济环境和微观经济环境。

（3）文化环境因素,如文化背景、宗教信仰、道德观念和风俗习惯等。

（4）法律政治因素,如法律政策、党政纷争、社会动荡等。

2.自然环境因素

对于消费者的行为惯性来说,自然环境因素是对其造成影响的最常见因素之一,这也是不可避免的影响因素。例如,有一位东北消费者经常在哈尔滨用信用卡买衣服,前段时间他被公司派往海南学习半年,而在他刚到海南的前两个月还经常收到哈尔滨某商场羽绒服打折的短信。所以,如果商家多留意一下该用户的刷卡记录,不难发现他现在不会消费羽绒服。

3. 心理因素

在消费者行为中,心理因素是指消费者在心理层面对于某项消费存在的某种担忧。例如,一位消费者一直用某种牙膏,而有一天他看到新闻报道:这种牙膏可能含有某种有害物质,不管这则消息是真是假,他都会刻意减少使用,甚至不用这种牙膏。

4. 生理因素

生理因素是影响消费者行为最基本的因素。消费者可能因为生理需要、生理特征、身体健康状况以及生理机能的健全程度而改变消费行为。例如,某客户喜欢吃甜食,经常网购这些零食,而突然有一天他被检查出糖尿病,他自然不会再消费零食。

掌握了这些因素对于客户行为的影响,也就掌握了对客户进行长期定位的技术,为以后的精准推荐、精准营销打下了基础。

(三)重点数据分析

客户行为的分析重点就在于从庞大的数据中找出重点数据,因为重点数据才能体现数据的重要价值。

1. 分析消费者的基本信息

以用户所处的地域、性别、年龄等人文属性建立分析维度,把所有的信息进行筛选,可以简单地把用户的相关属性与产品相匹配。例如,某一用户的地址是一所高档小区,那么就可以分析出用户的消费能力,进行产品的精确、合理推荐。

2. 分析消费者的消费偏好

考虑在所有推荐的商品旁增加一个"不喜欢"按钮,收集客户不喜欢的商品,这具有与收集客户喜欢的商品一样重要的价值。例如,一个客户告诉你他不喜欢一款150元的夹克衫,可能比点击甚至购买一套 500 元的西装透露的信息还要重要。

3. 分析消费者的浏览行为

对购买过商品的客户的购买记录以及点击过的商品记录进行分析，分别打分、统计、归类，以对客户的可能兴趣点进行预测。

4. 分析消费者带来的价值

企业应该针对客户过去的购买记录、购买的产品价值、购买的频率、最近一次购买的时间等属性进行科学量化，从而对客户进行科学评分，判断和衡量他们为企业带来的价值。以此为基础，对推荐的接受难易程度做出评估，筛选出自己的精准客户。例如，一位用户每个月都会到某一家网店买孕婴用品，那么电商就可以根据购买记录和每次购买产品的价值进行评估，在合适的时间向用户发布最新的产品信息。

（四）客户的商业行为分析

客户的商业行为分析主要是通过客户的资金分布情况、流量情况、历史记录等方面的数据来分析客户的综合状况，主要包括四个方面，如图 2-6 所示。

图 2-6　客户商业行为分析

1. 升级/交叉销售分析

对即将结束交易周期又有良好消费行为，或者有其他需求的客户进行分类，便于识别不同的对象，为下一次交易做好客户定位。

2. 消费者损失率分析

通过对用户行为数据的分析来判断客户是否准备结束商业关系,或正在转向另外一个竞争者。其目的在于对已经被识别结束了交易的客户进行评价,寻找客户结束交易的具体原因,以此提高自己的服务。

3. 客户保持力分析

每家企业都有自己重点保护的客户群,如 VIP 用户,通过用户细分,寻找值得被保护的用户,使他们得到自己最贴切的服务以及最优惠的价格。细分标准可以是单位时间交易次数、交易金额、结账周期等指标。

4. 产品分布情况分析

产品分布情况是客户在不同区域、不同时段所购买的不同类型的产品数量,可以获取当前营销系统的状态、各个地区的市场状况以及客户的情况。

(五)客户忠诚度分析

培养和提高客户忠诚度是企业的一个重要目标,通过客户忠诚度可以看出客户对企业的信任度,服务效果的满意程度以及继续接受同一企业服务可能性的综合评估,保持老客户要比寻求新客户更加实惠。而保持与客户之间的不断沟通、维持和增强消费者的感情纽带,是企业间新的竞争手段。通过数据分析能够提前预知客户的忠诚度,预防客户流失。

1. 了解客户需求,为其提供良好体验

企业不仅要对客户使用产品的频率进行评估,调查客户在哪些使用上有困难,同时企业还必须进一步思考客户是否需要企业为其提供更多服务和帮助。通过在特殊的条件下了解每个客户,你能实现与他们的交往上的目的。

2. 维护客户，使常客成为产品拥护者

数据的深入挖掘在确定产品的常客上是很有价值的，他们会对成为一名拥护者有潜在兴趣吗？他们将产品推广到世界其他地方吗？常客可能购买更多产品，或者购买相关产品，而让常客变为拥护者，他们会无形间推广产品，当了解了这些重要数据，将会从这些客户那里得到最大化的收入。

3. 寻找高危客户，改善客户关系

高危客户是客户流失的主要群体，他们对企业、产品的忠诚度往往最低，所以提高客户的忠诚度，首先要"解决"掉这些用户。实际上，分析高危客户的数据很容易得出结论，通常使用"采用率数据"作为一个方法来组织和管理风险，例如，某段时间出售了100款产品，通过调查有多少客户一直在使用这些产品，即可分析出客户对产品的忠诚度，以及哪些客户是高危客户。这是一个早期信号，需要分析者有所了解，且主动处理。

第三节　客户精准定位的实现

一、客户精准定位

（一）客户精准定位的内涵

大数据时代，全新的时代背景带来了全新的营销环境和营销方式，很多企业投入大量资金开展网络营销，但是没有获得理想的效果，只是一味地抱怨网站推广不到位。但实际上这不仅仅是推广不到位的问题，最重要的原因是这些企业并没有做到客户的精准定位。

客户定位中，最怕就是"老少皆宜"或服务谁都适合。就算

企业经过长期发展,几乎可以使每个人都成为客户,但是一开始必须找一个精准的客户群切入,切入越精准,风险越少,越值得期待。所以,每一个企业的首要工作就是要选择客户,定义客户。客户精准定位就是为了找到目标客户群的需求,并予以最大程度的满足,从而达到快速、有效、精准营销的目的。

（二）客户精准定位的作用

激烈的市场竞争带来了定位时代,而数据分析则是进一步推进了市场定位的发展,使市场地位时代转化为精准定位的时代,所以在数据化、信息化的时代,精准定位是精准营销的基本要素。精准定位是让自己的产品实现营销最大化,传统的营销是一种广撒网的营销方式,营销成功率极低。一件产品不可能满足所有消费者的需求,只有通过对客户精准定位,找到符合产品定位的客户,才能实现营销效果的最大化。

在商业营销中,关键不是对商品做了多少,而是为客户做了多少,所以精准的目标客户定位,就像给客户画"素描",客户不关心如何画,只关心这幅画完成以后与自己像不像。

例如,凡客诚品公司的网络销售服装模式,一开始就精准定位于不喜欢外出消费的男性顾客,而不是面对通常服装企业喜欢针对的女性顾客。所谓"懒男人",就是那些厌倦了或没时间去百货商场购物的男性顾客,他们一直在期待一种更加简捷、便利的购物方式。所以,当通过网络、手机方式可以足不出户购买服装时,宅男们心花怒放,既能偷懒省事,还引领了时尚潮流。这也是凡客诚品在这些消费者中大受欢迎的重要原因。好的开始是成功的一半,商业模式成功的起点就是精准地定位目标客户群。凡客诚品把"懒男人"作为切入点的客户群定位相当精准,是凡客诚品取得巨大成功的良好起点。

二、客户群定位和客户细分

（一）正确定位客户群

随着我国经济市场化程度的不断加深及买方需求的多样化趋势,企业无法将自己的产品功能丰富至可以服务于有各种需求的客户,于是,企业针对自身的能力向特定的客户提供有特定内涵的产品价值,这些特定的客户就是"目标客户群体",客户定位就是选择目标客户群的过程。

企业进行产品销售之前必须定位其客户群,这是一项重要的准备工作。具体来说,客户群定位的主要内容是寻找合适的客户群体进行推荐。通过下面的案例进一步分析客户群定位的问题。

一位化妆品推销员所销售的产品为男性防晒霜,他将销售的地点选择在大学校园周围,价格在 200 ~ 400 元之间。经过两个月的推销,发现自己的业绩与其他同事相差甚远,这是为什么呢? 其实这位推销员犯了一个很大的错误,就是选错了客户群。

首先,防晒霜的价格在 200 ~ 400 元之间,大学生作为没有收入来源的群体,肯定不会在购买防晒霜上花费这么多;其次,他定位在大学校园周围,而大学生每天的活动场所大多是教室、食堂、图书馆和宿舍,一般用不到防晒霜;最后,定位的客户群是男生,但使用防晒霜的男性还是比较少的。

所以这位推销员的销售业绩与其他同事相差很多是情理之中的。由此就可以总结出客户群定位要考虑的三大因素。

第一,理性选择目标客户。在进行客户群定位时,一定要根据自己销售产品的特征选择目标客户,同时在进行客户群定位的过程中,要把握好客户群和分析的调查工作,这是进行准确客户定位的前提。

第二,分析客户的消费能力。消费水平日渐提高,消费者的行为日趋理性,因此需要采用理性的销售方法,要根据客户的消费能力来设计保险、理性的营销计划。

第三，选择恰当的销售地点。不同的产品除了适用于不同的用户外，还适用于不同的地点，就像一般在寺庙周围卖香，而不会到菜市场去卖。所以销售地点的选择是决定销量的一个重要因素，同时也是对客户进行精准定位的重要方式。

（二）科学进行客户细分

客户细分是指企业在明确的战略业务模式和特定的市场中，根据客户的属性、行为、需求、偏好以及价值等因素对客户进行分类，并提供有针对性的产品服务和销售模式。

不同客户具有各自不同的需求，企业应该按照客户需求对他们进行科学细分，如此才能更好地为其提供个性化产品和服务，才能满足不同类型客户的多样化、异质性需求。也就是说，企业需要对客户群体按照不同的标准进行客户细分。如果企业想快速实现可持续发展和长期的增长，就需要专注正确的顾客群体，找准顾客的需求点，开展有针对性的营销，通过客户细分，企业才能找准未来的盈利点。

从企业的资源和能力的角度来看，如何对不同的客户进行有限资源的优化应用是每个企业都必须考虑的，而想要完成整个细分，需要完成六个步骤，如图2-7所示。

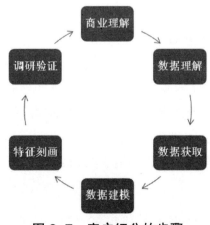

图2-7　客户细分的步骤

1. 商业理解

企业在进行客户细分之前需要集思广益,充分思考,要尽可能地收集各种想法和信息。例如,某零售企业要做新品推广,在以前的新品推广中,效果往往不是很理想,于是该企业决定抽取部分会员数据细分,尝试精准营销,以达到降低成本、提高转化的目的。

2. 数据理解

企业细分客户必须全面理解数据,要从充分理解业务的基础上选择合适的变量,再为这些变量制定相应的指标。

(1)时间指标,包括年费用户、包月用户、使用时间、最近一次使用或者消费时间等。

(2)属性指标,包括客户的年龄、性别、职业、文化程度等。

(3)渠道指标,包括是实体购买还是网上购买,以及购买渠道的规模、购买渠道的信用等。

(4)地理指标,根据自己业务的范围,确定地理指标,如果业务面广,可分为华东、华南等地理指标;如果业务面不广的话可分为省市、区县等指标。

(5)行为指标,包括购买频率、购买金额、使用次数、使用量、使用频率等。

3. 数据获取

企业可以通过很多渠道获取信息,企业自身数据的积累是最常见的一种数据获取方式。例如,可以从企业自身的数据仓库中获取,获取数据之后还要对数据进行细致的整理筛选以及数据的清洗工作,只有保证数据质量良好才能获得预想的效果,然后再将数据主要的变量整理汇总,最后结合技术手段以及业务手段进行变量指标的筛选,找出最后用于建模的合适变量。

4. 数据建模

企业建立数据模型的方式很多,按照不同的划分标准可以将数据建模分为两种类型,即事前细分和事后细分。事前细分技术常用在客户流失模型、营销响应模型中,其实就是根据历史数据定义好客户类型,再对未发生情况的进行预测,打上预测客户标签。事后细分就是只知道要重点考虑细分的多个维度,在应用事后细分模型之后,模型会对每个样本和客户打上类别标签,这样就可以通过这个标签来查看客户的性别差异、年龄差异、收入差异等,快速找到目标客户。

5. 特征刻画

用户的特征刻画就是根据各群组的特征,用一个比较有代表性的名字进行命名,并对每一类的特征进行描述分析,总结各群组的特征。例如,在电商领域,可以根据买家的成交笔数、成交金额、购买频率等进行分类,具体可分为产品活跃客户、优质重点客户、单一客户和抑制性客户。

6. 调研验证

企业并不是完成客户细分就没有其他任务了,还需要对细分结果进行调研验证,就要针对真实的市场和用户进行实地调研,用于验证细分的准确性以及发现潜在可以开展的营销点。

(三)客户精准定位的方法

企业想要做到客户的精准定位客户,不仅需要依靠以上几点,企业的客户细分越详细就可以获得越好的营销效果。那么想要做到最终的精准客户定位,还要做到以下两点。

1. 二次细分

企业在大致上判别了目标群体的轮廓后,需要进一步细分客户群体,也就是对第一次细分的结果进行二次细分。例如,以年龄层次、购买频率、购买支出占可支配收入的额度为标准细分,对总体目标客户群体进行排序,从而在目标客户群中分出首要关注对象、次要关注对象、辐射人群。

（1）主要关注对象

主要关注对象是指在总体目标客户群体中,有最高消费潜力的消费者,通常有以下四种类型。

一是产品的早期使用者,或具有相关爱好的消费者,他们能够产生示范效应,影响他人的购买选择,如具有多年摄影经历的摄影爱好者。二是对产品有最高期待的消费者,如女性对于化妆品、时尚服装的需求。三是刚刚开始接触和购买同类产品的消费者,如刚刚有能力买车买房的年轻消费者。四是经常性或者大量购买该产品的消费者,如喜欢吃某种食物的消费者。

（2）次要关注对象

次要关注对象是指与企业战略、目标有分歧,但能为产品创造重要销售机会的重要消费者。次要关注对象的消费亲历仅次于主要关注对象,同样是企业进行精准营销的重要群体。

（3）辐射人群

辐射人群是指处于总体目标客户群体内购买欲望最弱的群体,虽然他们的消费能力和消费欲望不强烈,但他们可以被企业的营销手段影响,形成偶然购买甚至最终成为固定购买群体。

2. 动态调整

通常消费者会长期使用某种产品,但是在激烈的市场竞争环境下,许多产品都有替代品,因此,许多企业即使在推出新产品时对客户做了非常精准的定位,但如果不进行后期动态调整,销售情况将一天比一天差,就像诺基亚,当年没有跟上智能手机发展的脚步,没有进行适当的动态调整,以至于"连续14年占市场份额第一"的桂冠被别人夺取。

所以,当通过数据分析确定了市场、客户群,精准定位了客户时,就要为守住这些客户甚至壮大自己的客户群做好准备,做好动态调整是保证客户精准定位最终结果的重要途径。

三、企业品牌客户定位

（一）企业品牌的内涵

品牌是产品的灵魂、企业的生命，是企业进入市场的通行证，更是企业占据市场份额的金字招牌。

在数字时代，实施企业品牌经营战略可以说是非常重要的，因为准确的数据能够在一定程度上帮助企业品牌持续、快速、健康发展，所以企业领导在重点关心企业发展的过程中必须同时关心企业品牌的具体经营战略，把品牌营销摆在首位。

通过企业创立的品牌，可以明确看出企业具体的经营理念、企业文化、企业价值观及对消费者的一种态度等，而企业能够合理利用品牌有效突破地域之间存在的壁垒，进行跨地区的相关经营活动，并且为各个差异性很大的品牌提供了一个较为统一的形象，统一的承诺，可以使不同的产品之间形成一种密切的关联，最终统一了品牌的资源。

企业品牌主要包含了商品品牌和服务品牌，只有与企业的商品品牌相匹配的超值服务，才能使商品品牌的价值含量和企业的美誉度得到大幅度提升，否则企业品牌的内涵就要大打折扣。

企业品牌应当对其专属领域的位置进行明确确定，这样的话便于客户形成一个整体清晰的认知。丰富、凸现企业品牌的内涵是一个长期过程，这就需要其他的品牌予以相应的支撑。例如，广东的凉茶种类多，其中王老吉凉茶广为人知，以地产草药为主配置而成，如图 2-8 所示。

王老吉一开始的时候主要是以水碗凉茶问世的，由鹤山人王泽邦于 1828 年在广州十三行靖远街首创，旧时那一带可以说是非常的喧哗，既是商家云集之地，又有码头搬运工，那些在烈日下干粗重活的、在应酬中饮酒过多的、在长途贩运途中中了暑湿的、烧烤煎炸食物吃多了的，或有喉痛脑热的，都喜欢花两文铜钱去买一碗王老吉凉茶消解,因此,王老吉的生意好得不得了,门庭若市、供不应求,很快在全市陆陆续续出现了许多王老吉凉茶的小贩,也有不少随街卖的王老吉凉茶车仔,成为广州一大景观,这就是一种企业品牌所带来的具体营销效果。

图 2-8　王老吉

（二）品牌定位的内涵

品牌定位是指企业在市场定位和产品定位的基础上,对特定的品牌在文化取向及个性差异上的商业性决策,是为某个特定品牌确定一个适当的市场位置,使商品在消费者的心中占领一个特殊的位置,当某种需要突然产生时,自然联想到该商品。

市场定位的一个主要核心和集中表现就是品牌定位,企业一旦对目标市场进行了明确定位,就要对相应的产品、品牌及企业形象进行设计并做一定程度的塑造,以最大限度的去争取得到目标消费者的认同。如此一来,品牌就成为产品与消费者连接的坚固桥梁,而品牌定位也就正式成为市场定位的一个核心和集中表现。

从目前来看,品牌定位主要包括三大意义。

1. 创造品牌核心价值

品牌定位成功,那么就可以使品牌的独特个性、差异化优势得到充分的体现,这也正是品牌的核心价值所在。而且品牌具有的核心价值也是品牌定位中最为重要的一个部分,这与品牌识别体系共同构成了一个品牌具有的独特性格。

2. 与消费者建立良好的关系

当消费者可以真正感受到品牌所具有的优势和特征,并且被品牌的独特个性所深深吸引时,品牌与消费者之间建立长期、稳固的关系就成为一种极大的可能。

3. 为企业产品营销指引方向

品牌定位的确定可以使企业实现资源的聚合,产品开发必须依从该品牌向消费者所做出的承诺,各种短期营销计划不能偏离品牌定位的指向,企业要根据品牌定位来塑造自身。

（三）大数据下品牌客户定位策略

1. 档次定位分析

档次定位,具体就是根据品牌在消费者心中所具有的价值高低区分出不同的档次。每一类产品被生产出来以后,基本上都需要对其档次进行一个明确的定位,通常而言,不同的档次决定了要具体对哪一类客户进行明确的定位,这其实也是间接地对客户进行的一种精准定位。

高档次的品牌往往会通过高价位来对所具有的价值进行体现。例如,酒店、宾馆按星级划分可以具体分为五等,对于五星级的宾馆而言,其配有幽雅的环境、优质的服务、完备的设施,进出其中的还都是有一定社会地位的人士。

因此,企业要通过大数据分析客户群的需求以及产品档次的定位,根据分析结果有针对性的推出不同价位、品质的系列产品,应采用品牌多元化的具体策略,以免使整体品牌形象受低质产品的影响。

2. 市场定位分析

市场定位分析,就是指能够发现消费者心中有一个很富有价值的位置无人去占据,因而就第一个全力去占据它。在某一行业或者某一领域,总会有企业竞争者没有涉及的,只要手中掌握着充足的数据,只要能够彻底分析这些数据,就一定能把未被涉足的领域分析出来,或许这一领域可以带来一种巨大的商业价值。

例如,步步高公司发现在电话机行业有一个空白点——没有一个品牌代表着无绳电话,于是提出"步步高无绳电话,方便千万家",如图2-9所示。

图2-9　步步高无绳电话

3. 弱点定位分析

如果发现消费者心中的品类(定位)代表品牌有潜在的弱点,那么新品牌就可以有针对性的对此进行突围,重新定义该代表品牌为不当的选择,自己取而代之才是明智之举。

这虽然看起来比较简易,但是要是真正付诸实践还是有一定难度的,同样是建立在详细的数据分析基础之上,要把对手具有的弱点找出来,或通过收集对手的数据发现其中蕴含的规律,能够做到避其锋芒,这也是巧妙利用对手弱点的一种方法。

例如,泰诺林在没有进入头痛药市场之前,一直都是阿司匹林占据了头痛药市场的首要位置。但是,阿司匹林这种药会导致胃肠道毛细血管微量出血,于是泰诺林就把握住了这一点,进行有效的攻入,替代阿司匹林,成了具有领导性的品牌,如图2-10所示。

图 2-10　泰诺林镇痛药

4.关联定位分析

如果发现某个阶梯上的首要位置已被强势品牌所占据的时候,那就要让自己的品牌与该强势品牌进行相关联,使消费者能够在首选强势品牌的同时,紧接着联想到自有品牌,作为一种具有补充性的选择。

进行关联定位的时候,就要求自己的产品与强势品牌存在诸多共同点,最起码属于同一种类型,通过进行收集与分析市场的具体数据,找到强势品牌最具特色的一点,让自己的品牌向这一点靠拢,这样进行关联定位的时候就会比较容易一些。

例如七喜,如图 2-11 所示,它发现在美国,购买者在饮料消费方面,三罐中有两罐都是可乐,于是便明确定位自己是一种"非可乐"。于是当人们想喝饮料时,不但会想到可乐,同时也会想到这种"非可乐",于是"非可乐"的品牌就与可乐联系在一起。

图 2-11　"非可乐"的七喜饮料

第三章 "互联网＋"战略下的营销策略

网络营销是以满足客户的需求为目标,其基本活动都围绕产价格、产品、渠道、广告、促销等策略来展开,体现出了虚拟性、交互性、多媒体性和跨时空性等特点。本章从网络产品、定价、渠道和促销四个角度具体系统地阐述网络营销策略的重要性,使其更加系统化和规范化。

第一节　网络营销的产品策略

在传统营销组合理论中,产品始终处于核心的地位,是企业实现利润和再生产的保证。随着电子网络营销的发展,客户逐渐取代产品占据了其中心地位,但是在营销中,产品的价值并没有降低。

一、网络营销产品概述

（一）网络营销产品的层次

网络营销是在网上虚拟市场开展营销活动,其目标是实现企业营销。产品的设计和开发的主体地位已经从企业转向顾客,企业在设计和开发产品时还必须满足顾客的个性化需求,因此网络营销产品的内涵和层次大大扩展了。网络营销产品的概念可以概括为:在网络营销活动中,消费者所期望的能满足自己需求的所有有形实物和无形服务的总称。根据网络营销产品在满足消费者需求中的重要性,可以将网络营销产品整体划分为五个层次:核心利益层、个性化利益层、附加利益层、潜在利益层以及产品形式层,如图 3-1 所示。

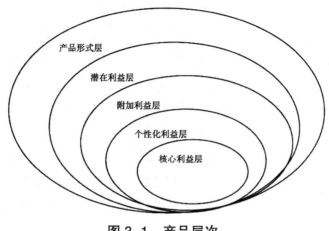

图 3-1 产品层次

1. 核心利益层

核心利益层是指消费者希望通过交易活动得到的最基本或最核心的利益或效用。这一层次的利益是目标市场消费者所追求的共同的无差别的利益。

2. 个性化利益层

个性化利益层是指网络目标市场上,每一细分市场甚至每一个消费者希望得到的,除核心利益之外的满足自己个性化需求的利益的总称。不同消费者对同种产品所期望的核心效用或利益一般是相同的,除此之外,不同消费者对产品所期望的其他效用往往会表现出很大的个性化色彩,不同细分市场或不同个体消费者所追求的产品利益又是富有鲜明个性的。所以,个性化利益层也称为期望产品层,即顾客在购买产品前对可购产品的质量、特点和使用方便程度等不同的期望值。例如上网聊天,人们追求的都是社交需求的满足,但有的人是以找寻朋友为目的,而有的人却以宣泄个人感情为目的,还有的则完全出于追求一种网络社交的体验等。

网络市场是一种典型的买方市场。卖方市场是消费者向企业求购,是消费者对企业的营销,而买方市场却是企业向消费者求买,是企业对消费者的营销。网络营销很难做到像线下销售那样,一厢情愿地采取强迫性的促销攻势,相反,在网络营销中,消费者完全处于主导地位,消费行为呈现较大的个性化特征。因此,企业要想通过网络营销获取竞争优势,产品的设计和开发必须以满足顾客个性化的消费需求为导向。例如,海尔集团提出"您来设计我实现"的口号,消费者可以向海尔集团提出自己的需求个性,如性能、款式、色彩、规格大小等,海尔集团可以根据消费者的特殊要求进行产品设计和生产。现代社会已由传统的企业设计开发、顾客被动接受,转变为以顾客为中心,顾客提出要求,企业辅助顾客来设计开发产品,以满足顾客个性需求的新时代。

3. 附加利益层

附加利益层也称延伸利益层。网络营销整体产品中,附加利益层是指消费者选择网上购物时希望得到的一些附加利益的总称。这一层次产品的内容是为了满足消费者因获得核心利益层和个性化利益层的产品利益而派生出的延伸性需求,同时也是为了帮助用户更好地使用核心利益和服务。它通常包括销售服务、保证、优惠、信贷、赠品、免息分期付款等内容。它是产品的生产者或经营者为了帮助消费者更好地获得核心利益与个性化利益而提供的一系列服务。

在网络营销中,对于实物产品来说,附加利益层要注意提供满意的售后服务、送货、质量保证等;对于无形产品,如音乐、软件等,由于可以通过网络渠道直接进行配送,其附加利益的重点是质量保证和技术保证以及一些优惠活动,如现在很多软件商许诺用户可以享受免费的软件升级服务,可以以优惠的价格购买同一公司的软件或产品等。

网络产品丰富的附加利益还主要表现在网络产品所能够提供给消费者的信息价值、娱乐价值和顾客群体认同价值等。例如,对一个ICP（网络内容提供商）网站而言,网络媒体的内容产品所包含的附加利益是多重的,人们在接收内容产品时,相关信息所依附的网站界面、网站提供的服务和一个网站的整体氛围等,都可以成为一种附加利益,为内容产品增值。一个网络游戏提供商或博客平台提供商,除了为网络消费者提供一个网络娱乐和网络信息沟通的平台之外,还为参与者提供了群体归属感和认同感,这也是网络产品的一种附加利益表现。而信息增值几乎是所有网络产品都能够提供的附加利益。

4. 潜在利益层

网络营销整体产品中,潜在利益层是指在核心利益、个性化利益、附加利益之外,能满足消费者潜在需求,但尚未被消费者意识到或已经被意识到而尚未被消费者重视或消费者不敢奢望的一些产品利益。它与附加利益层的主要区别是,顾客没有得到产品的潜在利益层仍然可以很好地满足其现实需求,但得到潜在利益层,消费者的潜在需求会得到超值的满足,消费者对产品的偏好程度与忠诚程度会在一定程度上得到强化。

在高新技术发展日益迅猛的时代,产品的许多潜在利益还处于隐形状态,没有被顾客充分认识到,这就需要企业通过消费教育和消费引导活动,使消费者发现或认识到产品的潜在利益层。例如,联想推出天禧系列电脑时,在提供电脑原有的一切服务之外,还提供了直接上网的便捷服务。

5. 产品形式层

网络营销整体产品中,产品形式层是指产品的核心利益、个性化利益和潜在利益借以存在并传递给消费者的具体形式。实物产品主要由产品的质量水平、材质、样式、品牌、包装等因素构成,服务产品则由服务的程序、服务人员、地点、时间、品牌等构成。

在现代信息技术的支持下,网络所能够提供的实际产品是异常丰富的。对于知识和信息类产品,如软件产品,其产品形式表现为:当它存储在实体中时,其实际产品形式是光盘;当它存储在网络里时,其实际产品形式是比特流。对于那些购买前客户不能体验的产品而言,营销者可以通过网络广告或包装宣传来提供有价值的信息担保,对于在网络上提供的这些信息产品而言,其语言描述和视觉表达效果就相当于产品的包装。它也可以表现为一种在线服务,那些高度依赖储存的信息且能够分解成良好结构的客户交互的服务最适宜于通过网络进行交付。目前,旅游咨询、心理咨询、医疗咨询和法律咨询等在线服务发展势头迅猛,正是基于网络信息服务强大的资源优势和提供更多附加价值的优势。

网络营销就是通过满足消费者对不同产品层次的需要而获得企业利润。网络营销产品整体概念的五个层次——核心利益层、个性化利益层、附加利益层、潜在利益层以及产品形式层充分而清晰地体现了以消费者为中心的现代营销观念。可以说,产品整体概念是建立在"需求 = 产品"这个等式的基础上的。

（二）网络营销产品的特征

就目前来看,适合在网络上销售的产品通常具有以下特征。

1. 产品性质

由于在初期网上用户对技术的要求相对较高,因此网上销售的产品基本上都是与高技术、计算机或网络有关的数字化商品、在线服务等。相对于实体商品,数字化商品更容易在网络中进行营销。由于消费者只能通过图片等手段认识实体产品的外观,因此对商品的有形产品层次的认识相对较弱。而在网络上,商品信息主要是数字化形式,既可以使商品有很好的展示空间,又能传递如远程医疗、网络游戏等无形商品。而且,数字化产品还可以在网上直接交付,避免了传统的实体商品需要配送这一环节,非常适合在网上销售。

2. 产品质量

网络的虚拟性使顾客可以突破时间和空间的限制,实现网上远程消费和直接订购,使消费者不出门就可以购买到自己需要的产品。但是网络市场并不是一个产品质量信息完全对称的市场,消费者在一个完全虚拟的市场中购买产品,因无法试用或触摸,不能做出正确的评判,产品很可能有质量缺陷,而给购买者造成精神上以及财产上的损失。

3. 产品品牌

产品的品牌是产品质量的标志。由于购买者在网上选择产品的范围广且无法进行购物体验,因此一般对品牌产品有较高的关注度。名牌产品有助于降低客户的不信任感,减少虚拟交易给消费者带来的风险。这要求生产商与经营商更加注重品牌效应,只有拥有明确、醒目的品牌,才能增强消费者的安全感,在网上销售的成功率才会更高。

4. 产品价格

在网上消费,购买者往往更倾向于价格低廉的产品,而对于昂贵的产品则很难在网络上直接销售。这是由于对于一般购买者来说,价格昂贵的产品是一笔很大的开支,客户通常会比较慎重,更愿意采用面对面销售的方式。但是对于那些价格特别便宜,以致产品配送的成本可能会比产品本身的价格还高的商品,也会使购买者失去消费兴趣。

5. 产品式样

随着社会经济、文化等的发展,消费者对产品的式样要求日益呈现出个性化、多样化的特点。在传统营销方式中,由于买卖双方沟通不够快捷方便成本非常高,一般很难满足每个消费者的个性化的需求。而网络产品的种类繁多、式样多样,同时为买卖双方创造了一个方便的沟通渠道,更有利于满足消费者个性化的需求。而且网络突破了时间空间的限制,通过互联网可以向全世界国家和地区营销符合该国家或地区风俗习惯、宗教信仰和教育水平的产品式样,满足其个性化需求。消费者在网络上进行个性化产品的定制将会越来越普遍。

二、网络营销产品的分类

由于网络的限制,只有部分网络营销产品适合在网上进行销售。随着网络技术的发展和其他科学技术的进步,将会有越来越多的产品满足在网上销售的要求。适合于采用网络营销的产品,按形态的不同可以分为三大类:实体产品、软体产品和在线服务。

（一）实体产品

实体产品是指具有物理形状的物质产品。在网络上销售实体产品的过程与传统的购物方式有所不同,这里没有传统的面对面的买卖方式,网络上的相互交流已成为买卖双方交流的主要形式。消费者或客户通过售卖方的网站主页考察其产品,通过填写调查表表达自己对品种、质量、价格、数量以及配送地区的选择;而卖方则将面对面的交货改为邮寄产品或送货上门,这一点与邮购产品颇为相似。因此,网络销售也是直销方式的一种。

（二）软体产品

软体产品一般是无形的,即使表现出一定的形态也是通过其载体体现出来的,产品本身的性能必须以其他形式作为媒介才能表现出来。软体产品包括计算机系统和应用软件等。网上的软件销售商常常提供一段时间的产品试用期,允许用户免费使用产品并提出意见,好的软件很快便能够吸引顾客,使他们产生兴趣直到爱不释手,从而为此慷慨解囊。

（三）在线服务

在线服务作为虚拟产品的另一类型，又可以分为普通服务和信息咨询服务两大类。普通服务包括网络交友、网络游戏、远程医疗、法律救援、航空火车订票、入场券预定、饭店旅游服务预约、医院预约挂号等；而信息咨询服务包括股市行情分析、金融咨询、资料库检索、电子新闻、电子报刊、医药咨询、法律咨询等。

三、网络营销新产品的开发策略

（一）新产品策略

新问世的产品策略即开发一个市场上全新的产品。该策略一般适用于创新型公司。在互联网时代，市场瞬息万变，消费者的需求、消费心理和消费行为也跟随环境的改变而不断产生变化。企业研制和开发新产品时，要善于把握这些变化的特点，提出全新的产品构思和服务概念，并以此设计产品和服务，这样推向市场才能获得成功。

（二）新产品线策略

新产品线即公司首次进入现有市场的新产品。互联网技术的扩散速度非常快，利用互联网迅速模仿和研制开发出已有产品是一条捷径，但新产品开发的速度非常快，想要在互联网竞争中做到一招领先、招招领先还是非常困难的。因此这种策略只能作为一种对抗性的防御策略。

（三）现有产品线外新增加的产品策略

现有产品线延伸的优势在于利用了现有品牌，节省了导入和促进新品牌的高昂成本。该策略的风险是，如果现有产品线延伸失败的话，则现有品牌可能被蚕食，而且现有客户基础或品牌资产也可能随之被侵蚀。

（四）现有产品的更新策略

更新现有产品会形成一种新产品,它也可以替代旧产品。例如,以网站为基础的电子邮件系统是对基于客户端的电子邮件系统(例如 Eudora 和 Outlook)的发展,用户可以从任何联网的计算机上收发电子邮件。像 Web2Mail.corn 网站这样的网络服务提供商允许用户不经过注册(例如泰国的一家网吧)就能使用现有的电子邮箱账户收发电子邮件(如 Gmail、Hotmail、Yahoo! 等)。在互联网上,企业不断地促进品牌核心技术的发展以增加客户的满意度并且保持竞争力。

（五）重新定位的产品策略

重新定位的产品策略是将现有产品定位于不同的目标消费市场,或者提供新的用途。例如,雅虎公司一开始定位于网络搜索引擎,后来又将自己定位为门户网站(提供多种服务),如今,该公司将自己重新定位为生活引擎。由此看来,雅虎公司开始是与行业领军者美国在线公司抗衡,如今却是避免与主要的竞争对手谷歌公司正面冲突。MSNBC 公司也对自己进行重新定位,把目标市场定位为年轻的网络用户。

（六）低价格的相同产品策略

降低成本的产品即提供同样功能而成本较低的新产品消费,但个性化消费不等于高档消费。个性化消费包括收入、地位、家庭以及爱好等来确定自己的需要。网络时代的消费者虽然注重个性化需求,但消费者安全意识也得到提升,消费更加趋于理性化,更强调产品带来的价值,同时包括所花费的代价。在网络营销中,产品的价格总体呈下降趋势,因此提供相同功能而成本更低的产品更能满足日益成熟的市场需求。

第二节 网络营销的定价策略

一、网络营销定价概述

（一）网络营销产品定价目标

定价目标是指企业通过制定价格达到所期望的营销目的。定价目标是指导企业进行价格决策的首要出发点，能够反映产品的市场定位。要使企业的定价策略卓有成效，就必须制定正确可行的定价目标。定价目标通常以企业的战略和经营目标为基础，在不同的市场竞争条件和不同的发展阶段下，企业的定价目标也不同，一般可以分为以下几种。

1. 以获取预定的利润额为目标

以获取预定的利润额为目标，具体包括：企业在一定的期限内收回投资，或追求最大利润，或以适中的价格获得长期稳定的利润等。追求最大利润的定价目标并不意味着一定要制定最高价格，因为最大利润可以分为短期和长期，也可分为单个产品和组合产品，有远见的经营者会着眼于长期利润的最大化。有些企业希望通过制定高价获取高额利润，高价格也有利于塑造高品质的形象。但在信息透明、产品同质化严重、竞争激烈的网络市场中，企业很难长期实行高价策略，利润空间遭到了严重的挤压。产品如果要卖出高价，企业所提供的产品或服务必须优先于其他的同类产品，具备很强的独特性，能够更细致而准确地把握客户的需求心理。

2. 以提高市场占有率为目标

市场份额直接反映了产品竞争能力，对每个企业来说都有重要的意义。为了最大限度地提高市场份额，企业最常用的手段是以低价策略吸引消费者,强化市场渗透。

2010 年夏季,凡客诚品以极低的价格在 T 恤市场发动闪电战,目的就是薄利多销,意图在短期内迅速、尽可能多地抢占市场。毫无疑问,29 元的定价策略有效实现了凡客诚品的预订计划。但价格战是把双刃剑,不是所有企业和产品都适用。要想取得理想效果必须具备以下几个条件:产品的价格需求弹性较大,降价对销售量的刺激有明显作用;低价能阻止现有和可能出现的竞争者;企业有实力承受降价所造成的利润减少等。

3. 以应付竞争为目标

以应付竞争为目标即企业根据自身与竞争对手的实力强弱进行对比,以竞争者的价格为参照,选择采用领导、跟随或稳定策略的定价目标。例如,奇虎 360 公司在国内杀毒软件市场上打破行规,率先实行了免费策略,领导了市场竞争,而其他的传统软件厂商们作为跟随者,基于各不相同的企业定位和竞争实力调整了产品价格,其目的是应对竞争、遏制对手的急速扩张。

4. 以维持生存为目标

对于新进入市场的企业,或遇到经济危机市场需求大幅度下滑时,企业对某些产品进行局部降价是必要的,此时企业的主要目的是维持企业的生命,因为生存比利润更重要。在互联网发展初期,网络还是社会上的新鲜事物,公众对网络的认知程度较低,当时互联网企业的绝大多数产品是免费的,其首要目的是吸引大众,建立消费者的网络意识和上网消费的习惯,以使企业能在新兴的网络市场中占有一席之地,然后等待时机再谋发展与盈利。

(二)网络营销定价影响因素

影响企业定价的因素是多方面的,如企业的定价目标、企业的生产效率、国家的政策法规、竞争对手的价格标准、消费者的承受能力、供求关系以及供求双方的议价能力等都是影响企业定价的重要因素。市场营销理论认为,产品价格的上限受产品的市场需求水平影响,产品价格的下限受产品的成本费用影响,在最高价格和最低价格的范围内,企业如何对产品定价,则取决于竞争对手同种产品的价格水平、买卖双方的议价能力等因素。可见,市场需求、成本费用、竞争对手产品的价格、交易方式等因素对企业定价都有着重要的影响。

1. 需求因素

从需求方面来看,市场需求规模的大小以及消费者的消费心理、感受价值、收入水平、对价格的敏感程度、议价能力等都是影响企业定价的主要因素。经济学中把这种因价格和收入变动而引起的需求的相应变动率称为需求弹性。需求弹性一般来说可以分为需求收入弹性、需求价格弹性、交叉价格弹性和顾客的议价能力等几种类型。

2. 供给因素

从供给方面来看,企业产品的生产成本、营销费用是影响企业定价的主要因素。成本是产品价格的最低界限,产品的价格必须能补偿产品生产、分销、促销过程中发生的所有支出,并且要有所盈利,才能实现产品本身的价值。根据与产量(或销量)之间的关系来划分,产品成本可以分为固定成本和变动成本两类。固定成本是指在一定限度内不随产量或销量变化而变化的成本部分,变动成本是指随着产量或销量增减而增减的成本,两者之和就是产品的总成本,产品的最低定价应能收回产品的总成本,满足其最基本的价值。对企业定价产生影响的成本费用主要有总固定成本、总变动成本、总成本、单位产品固定成本、单位产品变动成本、单位产品总成本等因素。

3. 供求关系

从营销学的角度考虑,企业的定价策略是一门科学,也是一门艺术。从经济学的角度考虑,企业的定价大体上还是遵循价值规律的。因此,供求关系也是影响企业产品交易价格形成的一个基本因素。一般而言,当企业的产品在市场上处于卖方市场条件时,企业产品可以实行高价策略,因为此时供给小于需求;当企业的产品在市场上处于买方市场时,企业应该实行低价策略,因为此时供给大于需求;当企业的产品在市场上处于均衡市场时,交易价格的形成基本处于均衡价格处,此时的供给等于需求。因此,企业的定价不能过度偏离均衡价格。

4. 竞争因素

竞争因素对价格的影响,主要考虑商品的供求关系及其变化趋势,竞争对手的定价目标、定价策略以及变化趋势。在营销实践中,以竞争对手为导向的定价方法主要有三种:一是低于竞争对手的价格;二是随行就市与竞争对手同价;三是高于竞争对手的价格。因此,定价过程中,企业应进行充分的市场调研及时调整让自己处于劣势的信息,对待竞争者则应树立一种既合作又竞争且共同发展的竞争观念,以谋求一种双赢结局。

二、网络营销价格策略类型

(一)按需定价策略

传统市场营销也非常强调按需求导向定价,但这种定价方式是建立在对客户消费信息的预测或者企业通过不够完整的市场调研最终确立的,带有很大的主观性。

在传统营销活动中,企业通常将目标市场进行市场细分,根据不同市场的需求生产不同的产品,制定不同的价格,以满足不同消费者的要求。但由于消费者的需求千差万别,各不相同,他们往往对产品的规格、性能、外观、样式等方面有具体的内在个性化需求,同时消费者的个体偏好、自我价值判断、自我支付能力、心理满足等都没有包括在内,因此,很多情况下,消费者对产品的最终成型都不尽满意(图3-2)。这势必流失相当数量的由价格原因而放弃购买的消费者,同时也会由于不能充分满足客户而缩减利润空间。通过网络的便捷互动性,消费者的需求信息可以及时地传递给相关企业,这就为企业进一步了解消费者的需求、个性提供了信息来源,从而对产品进行相关调整,进一步满足消费者的个性化需求,根据客户对产品和服务的理想需求,企业进行详细的分析,从而为每个消费者提供有差别化的产品,并针对不同的产品制定不同的价格清单(图3-3)。这种方式对于企业来说是非常有利的,企业可以获得更多的消费者剩余价值,对客户而言,客户也可以获得更高的满意度。

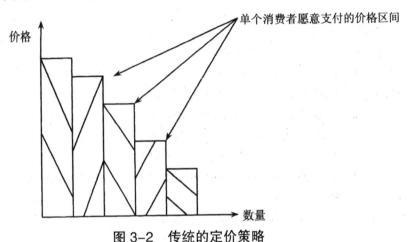

图3-2 传统的定价策略

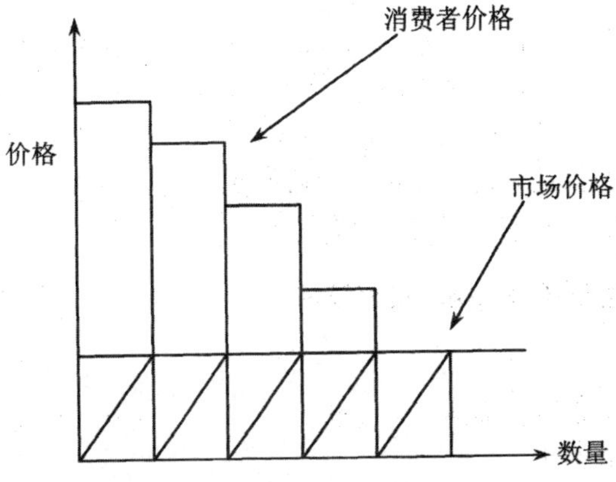

图3-3 网络环境下的定价策略

（二）低价位定价策略

销售渠道费用低廉是互联网销售带给消费者的又一优势体现，价格一般来说比流行的市场价格要低，大大降低了消费者的购买成本。采用低位定价策略就是在公开价格时一定要低于同类产品的价格在短期内迅速占有市场。采取这种策略一方面是由于通过互联网可以省去传统店铺房价、人力、时间的成本；另一方面也可以扩大宣传。随着网络营销的发展，互联网比价网站应运而生，为网络消费者提供更为透明的互联网价格信息。

企业在网上销售产品，采用这种策略时一定要注意：首先，要针对不同的消费对象提供不同的价格信息发布渠道，注意区分消费对象；其次，合理分配本身价值较高，不合适做降价销售的高端产品；最后，要注意比较同类站点公布的价格，否则公布价格信息会起到反作用。

（三）个性化定制策略

个性化定制策略是指在企业能实行定制生产的基础上，满足顾客对产品外观、颜色和样式等方面的外在个性化需求，并承担自己愿意付出的价格成本。例如，在戴尔的网站上，消费者可以选择适合自己的电脑的不同配置，戴尔公司会立即进行订货、组装，并在 7 ~ 10 个工作日内发货。个性化定价策略成为电子商务网络营销的一个重要策略，它是网络产生后营销方式的一种创新。

（四）差异定价策略

差异定价是指利用互联网进行规模定制，根据订单规模、交货时间、供求关系和其他因素自动定价。按照网络差异定价策略，公司根据既定的规则对一群客户，甚至单个的消费者进行差异定价。例如，所有预订一周内要出行的机票都是全价（没有折扣）销售。在传统的营销活动中也有差异定价。例如景点的宾馆由于淡季游客较少,就减少房费。随着信息技术的发展,厂商可以在线收集大量消费者行为信息,这使得厂商得以根据不同的客户行为制定不同的价格。

企业使用先进的软件和大型数据库制定相应的规则并随时调价,这使得厂商可以随时实行差异定价,甚至消费者正在浏览网页时就可以进行修改差价。这种功能深受厂商的青睐,因为它可以利用互联网进行差异定价,使营销沟通、产品实现个性化。厂商利用网络跟踪器文件可以识别消费者的个体差异,即平常消费水平,并根据这些差异定价,最终达成交易。

（五）折扣定价策略

折扣定价策略主要可以通过以下几种方法实现。

（1）现金折扣策略：鼓励顾客按期或提前付款,保证企业资金充足,周转加快。

（2）数量折扣策略：对于购买本企业商品数量越多的顾客,给予的折扣越多。

（3）交易折扣策略：充分调动中间商的积极性,利用中间商来努力推销产品。

（4）季节折扣策略：可以鼓励中间商或顾客在反季节购买,降低企业因压货所引起的资金占用负担和存储费用,均衡企业生产。

（六）拍卖定价策略

网络消费者是网上拍卖的主要群体,一般进行拍卖的物品主要有二手货、收藏品等。其中进行拍卖的既包括淘宝网等典型的网站,也包括一些拍卖行,但是部分拍卖过程中还是会涉及线下交易。

（七）免费定价策略

免费定价策略就是企业以零价格形式将产品和服务提供给

顾客使用,满足顾客的需求。随着互联网产品的免费性越来越深入人心,免费定价策略已经成为市场营销中常用的营销策略。企业采用免费定价策略的类型主要有四种。

(1)完全免费:对产品或服务的所有环节都实行免费。

(2)限制免费:产品或服务在使用超过一定期限或者次数后,该免费服务会被取消。

(3)部分免费:产品或服务的一部分是免费的,要想获得全部成果必须付款并成为公司客户。

(4)捆绑式免费:在购买某产品或者服务时赠送其他产品和服务。

虽然这种策略一般具有短期性和临时性的特点,但它在产品的促销和推广中起着非常大的促进作用。采用这种免费策略,一方面顾客可以在免费使用后对产品产生习惯形成依赖性,然后购买产品。例如,金山公司采取限制免费策略,允许消费者在互联网下载限次使用的WPS2000软件,在消费者养成使用习惯后,就会掏钱购买正式软件。另一方面,免费定价策略可以吸引顾客兴趣,拉动顾客试用的主动性,满足顾客得到实惠的心理状态,培养顾客的忠诚,进而使企业发掘出后续商业价值。但总的来说,企业可以通过采用免费定价策略抢先占领市场,然后在市场中获取收益。

第三节　网络营销的渠道策略

一、网络营销渠道概述

(一)网络营销渠道的内涵

通常,营销渠道是指商品流通渠道,即商品从生产者那里转移到消费者手里所经的通道,包括产品的销售途径与产品的运输和存储。传统的营销渠道,不仅包括消费者和生产者,而且存在许多靠谋取差价获得利润的中间商。

网络营销渠道是指借助互联网将产品从生产者转移到消费者的中间环节,它有广义和狭义之分。从广义上来说,企业各生产环节之间形成了企业内部的网络渠道,企业与协作厂商以及消费者之间形成了企业的外部网络渠道;从狭义上讲,是指企业通过互联网为消费者提供的与企业进行产品信息和资金交换的途径和一系列的中间环节。它涉及信息沟通、资金转移和产品转移等,通过互联网,内外渠道相互连接,构成了一个全方位的、系统的、全面的企业网络渠道。

（二）网络营销渠道的功能作用

1. 网上谈判功能

网上商务谈判系统在电子商务网络营销中占据基础功能,即要能够提供供需双方的在线洽谈与咨询,实现订货前对产品的价格问题、规格与质量要求、付款结算方式、供货方式与时间、售后服务等的商务谈判。

2. 订货功能

与传统订货功能相比,在网上实现订货功能虽然也同样需要订单来实现订货,但是也有其独特的个性。网络订货系统要能为消费者提供产品信息,同时要便于厂家获得消费者的需求信息,以求达到供求平衡。通过订货,销售者可以最大限度地降低库存,减少人工使用的支出,从而减少销售费用。我国联想电脑公司在开通网上订货系统的当天,订货额就高达8 500万元。由此可见,网上订货系统有很大的发展潜力。

3. 结算功能

在购买商品后,消费者可以运用多种方式进行付款,那么相对应的厂家（商家）也应有多种结算方式。微信付款、支付宝、信用卡、电子货币、邮局汇款、货到付款以及网上银行等是目前常用的结算方式。

4.物流配送功能

物流是指计划、执行与控制原材料和最终产品从产地到使用地点的实际流程,并在盈利的基础上满足顾客的需求。无形产品如服务、软件、音乐等一般都可以直接通过网上进行配送,购买者只需在网上直接购买或者下载就可获得自己所需产品。因此,物流配送主要指的是对有形产品的配送。因为要涉及运输和仓储,专业的配送公司相继成立了,如申通、圆通、韵达、中通、顺丰等。快递企业经过多年的发展,目前已经逐渐形成了一个规模庞大、竞争激烈的产业组织。

二、网络营销渠道的类别

(一) 网络直接营销渠道

网络直销是指生产商通过网络直接把产品销售给顾客的分销渠道。目前,最常见的做法包括两种:一是企业在互联网上建立自己的站点,申请域名,制作主页和销售网页,由网络管理员专门处理有关产品的销售事务;二是企业委托信息服务商在其网点发布信息,企业利用相关的信息与客户联系,直接销售产品。

网络直销有许多优点:一是生产者能够直接接触消费者,企业可以从市场上收集到真实的第一手资料,合理安排生产;二是网络直销减少了租赁场地、销售人员等具体要求和流通环节,使买卖双方都节约了费用,产生了经济效益;三是网络直销使企业能够利用网络工具直接联系消费者,如电子邮件、公告牌等,使企业能够及时了解用户对产品的意见和要求,从而使企业针对这些意见和要求解决疑难问题,提高产品质量,改善企业经营管理。

当然,网络直销也有其自身的缺点。面对大量的网络信息,访问者很难有耐心去访问一般的企业主页。特别是对于一些不知名的小企业,大部分网络访问者不愿意浪费时间,或者只是"路过"时走马观花地看一眼,大部分时间都放在了浏览自己需要的产品上。据有关资料介绍,我国目前建立的众多企业网站,除个别行业和部分特殊企业外,大部分网站的访问者寥寥无几,营销数额不大。为解决这个问题,必须从两方面入手:一方面需要尽快组建具有高水平的专业化的服务与商务活动的网络信息服务点;另一方面需要从间接分销渠道中去寻找解决办法。

（二）网络间接营销渠道

为了克服网络直销的缺点,网络商品交易中介机构应运而生。网络间接销售是指生产者通过融入互联网技术的中间商机构,把产品销售给最终用户的销售手段。中介机构成为连接买卖双方的枢纽,促成卖方的最终销售和买方的最终成果。网络间接销售一般适合小批量商品和生活资料的销售。中国商品交易中心、商务商品交易中心、中国国际商务中心等都属于此类中介机构。此类机构在发展过程中仍然有很多问题需要解决,但其在未来虚拟网络市场的作用是其他机构所不能替代的。

（三）双道法——企业网络营销渠道的最佳策略

在西方众多企业的网络营销活动中,双道法是最常见的方法,是企业网络营销渠道的最佳策略。所谓双道法,是指企业同时使用网络直接销售渠道和网络间接销售渠道,以达到销售量最大的目的。在买方市场条件下,通过直接销售渠道和网络间接渠道销售产品比通过其中任何一条渠道更容易实现市场渗透。

三、网络营销渠道的选择

营销渠道的选择是整个市场经营组合策略的重要组成部分。对于从事网络营销的企业来说,熟悉网络营销渠道的结构,分析研究不同网络营销渠道的特点,合理地选择适合自身产品特点的网络营销渠道,不仅有利于企业的产品顺利完成从生产领域到消费领域的转移,促进产品销售,而且有利于企业获得整体网络营销上的成功。

企业确立或选择直销还是间接营销渠道,要依据几个方面的客观情况。

（一）产品特性

在进行网络销售渠道的选择时首先要注意产品的特性。

有少数产品易于数字化就适合直接的网络传输进行销售,以节约时间；有些产品的选择性不强,不能让消费者产生很强的购买欲,要通过其他方式适当协调；而有些有形产品或部分无形产品,虽然具有较强的选择性,但又必须通过传统的配送渠道才能实现货物的空间转移。

（二）目标市场

如果目标市场需求潜力大、竞争压力上升,企业就倾向于直接分销,以加强对市场的影响,如果目标市场需求潜力小、竞争压力下降,企业则倾向于由中间商负责分销。

（三）企业自身实力

一个企业,依据其自身实力的大小,可选择的网络营销渠道也不尽相同,主要包括两个方面:资金实力和技术实力。倘若一个企业的技术实力很强大,可以通过开办自己的专属网站进行营销,而该网站又能够更好地为本企业的其他项目服务；反之,倘若一个企业的实力不强或很弱,则应该选择专门的网络作为中介商来进行营销和其他业务更为划算。

（四）渠道成员

企业在建立间接的网络营销渠道时,要涉及网络中介商的五大因素：第一,成本,使用中介商信息服务时的支出；第二,信用,网络信息服务商所具有的信用程度的大小；第三,覆盖,网络宣传所能够波及的地区和人数；第四,特色,网络销售具有的个性化特点；第五,连续性,网络发展的实践证明,网络站点的寿命有长有短。

第四节 网络营销的促销策略

一、网络促销概述

（一）网络促销的内涵

网络促销是指利用现代化的网络技术向虚拟市场传递有关产品和服务的信息,以启发消费者的需求,引起消费者的购买欲望和购买行为的各种活动。网络促销是没有地域限制的、双向的、快捷的信息传播模式,能给顾客足够的思考空间,节省了买卖双方大量的时间成本,真正实现了交易的全球化。在竞争更为激烈的当今社会,开展网络促销是每个企业必不可少的销售方式,这是通过传统促销无法实现的。

（二）网络促销的特点

（1）网络促销是通过网络技术传递产品和服务的存在、性能、功效及特征等信息的促销手段。它是建立在现代计算机与通信技术基础之上的,并且随着计算机和网络技术的不断改进而逐步发展。

（2）网络促销可在虚拟市场上进行。这个虚拟市场就是互联网,互联网是一个媒体,是一个连接世界各国的大网络,它在虚拟的网络社会中聚集了广泛的人口数量,产生了多种形式的产品组合,融合了多种文化。

（3）互联网虚拟市场的出现,将所有的企业都推向了一个统一的市场。传统区域性市场的小圈子正在被一步步打破。

（三）网络促销与传统促销的区别

与传统促销相比,基本手段都是提供各种短期利益,以引起消费者的注意和兴趣,促使消费者认识产品,激发他们的购买欲望,并最终导致购买行为。但由于互联网强大的通信能力和覆盖面积,网络促销在时间和空间、消费群体和消费行为、具体的促销手段上都与传统的促销有一些差别,远远超过了传统形式下的利润总和。

1.时间和空间上

传统的促销活动通常都是针对某个特定的地区市场设计和实施的,甲地的促销活动既可能和乙地的促销活动是类似的,也可能是完全不同的。如在上海采取派发试用品,而在南京则可能是打折,两地顾客不会发生互相攀比的现象。但是网络促销活动则要求在时空上保持相对一致性,否则很可能引发顾客的相互攀比,甚至有意模糊自己的居住所在地,以得到最利己的终端产品。

2.消费群体和消费行为的变化

在网络环境中,消费者的概念和客户的消费行为都发生了很大的变化。上网购物者是一个特殊的消费群体,具有不同于普通消费大众的消费需求。这些消费者直接参与生产和商业流通的循环,他们普遍大范围地选择和理性地购买。这要求促销活动的设计者和实施者必须考虑促销所提供的短期利益的连续性,以满足不同消费群体的体验需求。

3.具体促销手段的变化

传统环境中的许多促销手段是建立在实物流动的基础上的,显然,这些促销手段对网络促销是不适用的。与此相反,互联网也提供了诸如免费信箱、免费下载、免费参与、积分兑换、邀请好友即可参与抽奖等一系列新的促销手段。

（四）网络营销促销作用

1. 告知功能

网络促销能够把企业的产品详情、服务质量、价格信息等通过网络媒体传递给目标公众,引起他们的注意。

2. 说服功能

网络促销的目的在于通过各种有效的方式,解除目标公众对产品或服务的疑虑,说服目标公众坚定其购买产品的决心,从而实现最终的产品流转。例如,在同类产品中,许多产品往往只有细致的差别,用户难以察觉。企业通过网络促销活动,宣传自己产品的特点,使用户认识到本企业的产品可能给他们带来的特殊效用和隐性利益,进而乐于购买本企业的产品。

3. 反馈功能

网络促销能够通过电子邮件及时地收集和汇总顾客的需求和意见,迅速反馈给企业的管理层和技术层。由于网络促销所获得的信息基本上都是文字或者图片资料,信息准确、可靠性强,对企业经营决策具有重要的参考价值。

4. 创造需求

运作良好的网络促销活动,不仅可以诱导需求,而且可以创造需求,发掘潜在的顾客,扩大销售范围,进而提高销售量。

5. 稳定销售

由于某种原因,一个企业的产品销售量可能时高时低,波动很大。这是产品市场地位不稳定的反映。企业通过适当的网络促销活动,树立良好的产品形象和企业形象,往往有可能改变用户对本企业产品的认识,使更多的用户形成对本企业产品的偏爱,吸引更多的消费者产生消费欲望,进而达到稳定销售的目的。

二、网络促销的主要形式

网络促销是指在互联网市场上开展的促销活动,如以价格折扣、有奖销售、拍卖销售等方式来宣传和推广产品。目前主要的形式有以下几种。

(一)网上折扣促销

打折是目前网上最常用的一种促销方式。为促使消费者进行网上购物的尝试并做出购买决定,采用幅度比较大的折扣可以吸引消费者的眼球,此外网络营销由于销售渠道的减少,可以较低的价格销售产品,因此采用网上商品的价格一般都要比传统方式销售时要低。

(二)积分促销

积分促销在网络上的应用比起传统营销方式要更简单和易操作。网上积分活动很容易通过编程和数据库等来实现,并且结果可信度很高,操作起来相对简便。积分促销一般设置价值较高的奖品,消费者通过多次购买或多次参加某项活动来增加积分以获得奖品。既实现了产品的销售,也增强了消费者的依赖性和忠诚度。

(三)网上联合促销

由不同商家联合开展的促销活动称为联合促销,联合促销的产品或服务可以起到一定的优势互补、互相提升自身价值等效应。如百事可乐与雅虎、搜狐与可口可乐、新浪与乐百氏等都是比较成功的网上联合促销活动,既增进了彼此之间的交流合作,也提升了彼此的品牌价值。

（四）赞助

赞助促销一般可分为栏目赞助(如安踏运动系列赞助搜狐体育频道)、活动赞助等形式,企业在赞助期间与网站举行促销活动。

（五）竞赛和推广

竞赛与推广是广告主和网站一起举办双方均感兴趣的促销推广活动。如《商务周刊》和《网易商业报道》联合进行的首届中国市场最具领导力 EMBA 评选活动。

（六）游戏

游戏促销是指广告主和网站通过游戏的形式来宣传产品或服务的特点与功能,在与消费者的互动游戏过程中达到教育消费者、传达产品和服务特点的目的,通过游戏参与实现产品的销售。

三、网络促销运作

根据国内外网络促销的大量实践,网络促销战略的实施程序可分为四大方面,即确定网络促销对象、设计网络促销组合、选择网络促销预算方案、衡量网络促销效果。

（一）确定网络促销对象

网络促销对象是针对可能在网络虚拟市场上产生购买行为的消费群体提出来的。随着网络的迅速普及,网络促销对象这一群体也在不断膨胀。这一群体主要包括三部分。

1. 产品的使用者

这里指实际消费或使用产品的人。实际的需求构成了这些顾客购买的直接动因,抓住了这一部分消费者,网络销售就有了相对稳定的市场。

2. 产品购买的决策者

在许多情况下,产品的购买决策者和使用者是一体的,特别是在虚拟市场上更是如此。因为大部分上网人员都有独立的决策能力,也有一定的经济收入。但在另外一些情况下,产品的购买决策者和使用者则是分离的。比如,中小学生在网络光盘市场上看到富有挑战性的游戏,非常希望购买,但实际的购买决策往往由学生的父母做出。因此,网络促销同样应当把购买决策者放在重要的位置上,因为他们才是实现产品销售的关键因素。

3. 产品购买的影响者

这里指在看法或建议上对最终购买决策可以产生一定影响的人。在低价、易耗日用品的购买决策中,产品购买的影响者的影响力较小,但在高价耐用消费品的购买决策上,产品购买的影响者的影响力较大。这是因为对高价耐用品的购买,购买者往往比较谨慎,希望广泛征求意见后再做决定。这部分人群也不能忽视,企业要充分利用其产品特性和销售手段,消除其顾虑,达到最终实现消费的目的。

(二)设计网络促销组合

促销组合是一个非常复杂的问题。网络促销活动可以通过采用上述常见的促销方式进行。

但由于企业的产品种类不同,销售对象不同,促销方法与产品种类和销售对象之间将会产生多种网络促销的组合方式。企业应当根据网络促销折扣、记分促销、网上联合促销、免费下载、赞助、竞赛和优惠推广等方法的特点和优势,根据自己产品的市场情况、顾客承受能力,扬长避短,合理组合,以达到最佳促销效果。一般来说,网络广告促销主要实施"推"战略,其主要功能是将企业的产品推向市场,利用其本身价值,获得广大消费者的认可。网络站点促销主要实施"拉"战略,其主要功能是将顾客牢牢地吸引过来,激发其购买欲望,保持稳定的市场份额。对日用消费品,如化妆品、食品、饮料、图书、消费型电子产品、软件产品等,采用网络促销组合的效果比较好。

（三）选择网络促销预算方案

在网络促销实施过程中,使企业感到最困难的是预算方案的制定。在互联网上促销,对于所有人来说都是一个新问题。所有的价格、条件都需要在实践中不断学习、比较和体会,不断地总结经验,只有这样,才可能达到事半功倍的效果。

首先,必须明确网上促销的方法及组合的办法。随意筛选不同的信息服务商,宣传的价格可能悬殊极大,因此,企业应当认真地比较各站点服务质量和服务价格,从中筛选适合于本企业的、质量与价格匹配的信息服务站点。

其次,需要确定网络促销的目标,是树立企业形象、宣传产品特性,还是提供售后服务。围绕这些目标再来策划投入内容的多少,包括文案的数量、图形的分布、色彩的复杂程度,投放时间的长短、频率和密度,促销广告宣传的位置、内容更换的时间间隔以及效果检测的方法等。这些细节确定好了,对整体的资金数额就有了预算的依据,与信息服务商谈判时也就有了一定的把握,不至于一头雾水。

最后,需要明确希望影响的是哪个群体、哪个阶层,是国外的还是国内的,因为在服务对象上,各个站点有较大的差别。有的站点侧重于中青年,有的站点侧重于学术界,有的站点侧重于产品消费者。一般来讲,侧重于学术交流站点的服务费用较低,专门从事新产品推销站点的服务费用较高,而某些综合性的网络站点费用最高。在宣传范围上,单纯使用中文促销的费用较低,使用中英文促销的费用较高,企业促销人员应当熟知自己产品的销售对象和销售范围,根据自己的产品选择适当的促销形式,实现产品从生产阶段到销售阶段的成功转变。

（四）衡量网络促销效果

网络促销的实施过程到了这一阶段,必须对已经执行的促销内容进行评价,衡量一下促销的实际效果是否达到了预期的促销目标。对促销效果的评价主要依赖于两个方面的数据。一方面,要充分利用互联网上的统计软件,及时对促销活动的好坏做出统计。这些数据包括主页访问人次、点击次数、高频点击时间段等。另一方面,销售量的增加情况、利润的变化情况、促销成本的降低情况,有助于判断促销决策是否合理。同时,还应注意对促销对象、促销内容、促销组合等方面与促销目标的因果关系的分析,进而对整个促销工作做出正确的判断,为以后实现利润的提升和飞跃打下基础。

第四章 大数据营销

近年来,在国家政策的推动下,大数据市场发展迅速,与此同时中国重要软硬件企业陆续推出大数据相关产品。我国的大数据在政策、技术、产业、应用等方面均获得了长足发展。企业在激烈的市场竞争中开展市场营销应该积极运用大数据技术,大数据营销是互联网时代的重要营销选择,数据的挖掘和应用几乎成为所有行业的企业必须掌握的技能,可以说大数据营销是明确目标市场、提升用户体验和实现营销目标的重要手段。

第一节 大数据的价值和机遇

一、大数据的价值

（一）形成商业营销模式

1. 租售数据模式

这种商业模式是指,将广泛收集、精心过滤、时效性强的数据进行出租或售卖,从中获得利润。根据不同的销售对象,可以将这种租售数据模式分为客户增值服务和客户数据有偿提供。第一种是对购买商品或服务的消费者提供附加的数据服务,例如消费者购买导航仪,同时可以得到导航仪公司提供的即时交通信息服务;第二种是指一些公司将客户信息提供给第三方,并从中收取费用,例如证券交易所就属于这种租售数据模式,把股票交易行情数据授权给一些做行情软件的公司。

2.数字媒体模式

这个模式具有极为丰沃的土壤,全球广告市场空间是5 000亿美元,在这样的背景下数字媒体企业更易发展和成长。这类企业在数据方面的核心价值是获取实时的海量数据,企业通过数据处理技术对这些数据进行深度分析,利用经过处理的信息进行精准营销和信息聚合。对于当前的全球市场来说,数字媒体行业是十分生机盎然的行业,也是很好地体现了大数据价值的一个行业。

3.租售信息模式

租售的信息是经过加工的数据集合,这些信息还具有一定的行业特征。在不同的行业和领域一般会出现一个或几个租售信息的霸主企业。信息需要将某一行业的大量数据进行广泛收集,之后对这些数据进行深度整合处理,最后将有价值的信息进行提取集合。

4.数据使能模式

这类业务依仗于海量数据以及科学有效的数据分析技术。目前有很多企业都通过数据分析技术提供这类业务,例如阿里金融提供的小额信贷业务,就是通过强大的数据分析能力为企业提供贷款服务的。这类金融服务的原理是,通过对企业的交易数据和财务数据进行在线分析,根据结果计算可以提供给这些企业的贷款金额以及时间等,通过数据分析技术,可以将贷款风险降到最低。

5.大数据技术提供商

在所有的数据中,非结构化数据是结构化数据的5倍以上,所以各个领域都需要提供相应的数据处理提供商。随着目前图像、语音、视频、语义领域对数据处理技术的需求,这些技术提供企业都会进入快速成长阶段。

6.数据空间运营模式

传统的互联网数据中心(IDC)就是这种运营模式,许多互联网企业都提供这项服务。随着全球企业注意到了大数据带来的巨大商机,各家企业都开始利用各项技术和资源抢占大数据市场,例如 Dropbox、微盘、百度云盘都属于这种运营模式。对于这类公司来说,随着大数据与数据处理技术的不断发展,可以成长为数据聚合平台,其获取利益的方式也会变得不再单一。

(二)创造新业务与服务

大数据带来的经济效益不只是体现在目前现有的行业和领域中,在开发新业务的方面其蕴含着极大价值。下面通过几个实例对大数据在新领域中的作用进行阐述。

1.健康领域

美国旧金山的 SeeChange 公司应用大数据技术建立了一套新的健康保险模式。公司可以通过技术支持对客户的个人健康记录、医疗报销记录以及药店的数据进行分析,通过分析结果判断客户是否是慢性病的易感人群,以此为基础判断是否可以向客户推荐定制化的康复套餐。同时,以大数据技术为基础公司还设计了健康计划,鼓励客户完成健康计划中的内容,对于完成相应活动的客户会予以奖励。

2.能源行业

美国一家软件运营公司 Opower,通过数据技术提高消费用电的能效。Opower 与多家电力公司合作,收集并分析客户的家庭用电情况,将统计和分析结果按照报告的模式提供给客户,客户可以通过报告得知自家用电在整个区域或全美类似家庭所处位置,通过这种排位和对比的方式帮助客户更好地理解自己的用电情况,以此鼓励他们采取节电活动。

3. 零售领域

创业公司 Retention Science 设计了一个电子平台,并向电子商务公司提供服务,电子商务公司可以通过平台的数据分析功能加强用户黏性或是进行市场策略设计。这一平台是具有自学功能的,可以通过使用算法和统计模型来设计优化用户黏性的策略。这个平台会实时收集并分析相关客户数据,保证分析结果具有时效性,这样实时动态的分析预测可以为商家提供较为精准的促销策略。

可以看出,大数据的出现的确为我们带来了很多机会,这也正是它的意义和价值所在。不论是对已有的业务和领域,还是对新业务和领域的开发,大数据都帮我们打开新的局面,帮助我们更好地为客户提供更科学、更具个性化的产品和服务。

(三)开发新的客户

企业不仅可以用数据来挖掘存量用户的价值,还可以通过数据来更高效地获得新用户。

1. 社交网络信息挖掘

通过社交网络信息的挖掘,可以让企业取得共赢的结果。如银行和航空公司可以从用户的微博信息中,发现他们是否正在考虑换银行或订机票的需求。企业可以从自然语言中抓取类似于"有人可以推荐房屋贷款的银行吗?""去纽约最便宜的机票在哪里订?"等信息,并通过回复这样的问题,推送给用户友好的产品/机票信息,既满足了用户的需求,也一并获得了市场的回报。

2. 实时竞拍数字广告

使用新的数据技术,如中国的 Uniqlick 公司正在数字广告行业中探索新的商业模式。通过了解互联网用户在网络的搜索、浏览等行为,这些公司可以为广告主提供最有可能对其商品感兴趣的用户群,从而进行精准营销;更长期的趋势是,将广告投放给最有可能购买的用户群。这样的做法对于广告主来说,可以获得更高的转换率,而对于发布广告的网站来说,也提高了广告位的价值。

二、大数据给营销带来的机遇

(一)挖掘大数据的营销价值

企业在运行与经营中,到处都充满了各种数据,尤其是在当今这个时代,海量数据充斥在我们周围。不论在金融、医疗、零售、餐饮、制造还是其他行业,数据都是以几何级进行增长的。在这种海量数据中,有许多机遇与挑战。

大数据为各个行业带来了全新的机遇,对未来的发展方向进行展望,可以看出大数据在所有领域的重要地位。并且有调查表明,应用大数据技术的企业与没有应用大数据技术的企业相比,其未来的财务状况会有很大差别。在目前这个大背景下,企业应该对大数据技术的应用,开始着手尝试或是进行完善,建立和完善系统详细的、具有可实行性的方案进行大数据管理。

大数据本身蕴含着丰富的商业价值,无论是在什么领域、什么平台,都可以利用大数据获取相应的利益。目前的微博、微信、淘宝等,都有十分庞大的用户流量,这一庞大的数据蕴含着极大的商业价值。对于目前的企业来说,最大的问题就是如何将这些大数据加以运用,如何将商业价值挖掘出来并充分利用。

1. 分析消费者的行为特征

在全渠道零售模式下,消费者在进行购物活动时会留下相关数据,商家可以通过对消费者的购物数据进行收集和分析,掌握消费者的消费习惯和偏好,这很大程度上为商家进行具有针对性的营销提供了基础。尤其是在当前这个时间碎片化、需求多样化的时代,具有针对性的营销是商家提高销售的关键。同时,这些信息还可以帮助商家提高消费者黏性,避免或减少消费者的流失。

例如,1号店会通过大数据技术对消费者数据进行挖掘和分析,以此了解消费者状况,避免或减少消费者的流失,如果发现一些有流失趋势的消费者会采取相应的刺激手段,以此挽留消费者。根据消费者填写的个人信息,还会在其生日时发送祝福信息,加深消费者对消费平台的印象。

2. 实现个性化精准推送信息

传统的市场营销缺乏针对性,开展营销活动时面向的一般都是广大群众,其中有目标客户,但也有很大部分不是目标客户,这就导致营销效率低,还会造成广告投入费用的浪费。而在大数据技术的支持下,市场营销会变得更具针对性,对消费者消费数据的分析就是商家进行营销的开始。通过对消费者数据的整理和分析,可以精准地对消费者的潜在需求进行判断,根据这个判断向消费者个性化地推送营销信息,实现精准营销。

现在很多商家和购物平台都具有大数据分析能力,可以根据消费者购买偏好和习惯进行个性化的信息推送,这不仅方便了消费者,同时可以实现更高效率的产品营销。

3. 有利于改善消费者体验

消费者会在自媒体平台对其购买的商品或服务进行评价,商家可以收集并分析这些数据,通过分析结果了解消费者的诉求和愿望,根据这些诉求商家可以对自己的产品和服务进行改进和升级,以便促成更好的用户体验,这样可以提高老顾客的黏性,同时还可以吸引新的消费者。

"三只松鼠"拥有一套基于互联网技术的大数据系统,这个系统可以帮助企业对客户评价进行关键词筛选。通过对关键词筛选分析,企业可以对客户的诉求更加明确,以此为基础进行产品和服务的改进可以有效地改善用户体验。例如,不论是对产品的口味、口感,还是产品的包装和物流等方面,都可以通过数据挖掘和分析制定改进策略,从而改善消费者体验。

4. 预测趋势,为企业提供决策支持

大数据分析可以帮助企业对社会、经济和市场等方面的发展趋势做出预测,根据预测结果企业可以更为科学、合理地进行决策。

大数据技术的预测能力是得到了认可的,在 2012 年美国总统大选过程中,微软研究院的大卫·罗斯齐尔德教授使用大数据技术对选举结果进行了预测,结果准确率高达 98%。此后,他还通过大数据技术对第 85 届奥斯卡的获奖情况进行了预测,结果也十分惊人。

可以看出,大数据的预测能力是很精准的,所以商家可以利用该技术预测市场,在此技术上推出新产品。基于消费者消费需求,符合市场未来发展状况的商品,很大程度上保证了销量。意识到大数据技术在商品前景预测方面的能力后,很多商家都开始利用大数据分析进行预测再决定商品推出。

影视领域也可以利用大数据分析技术,例如,美剧《纸牌屋》就利用了大数据分析来编写剧情走向。制作组通过对观众观看影片时的进度条停、放时间来判断观众对内容的喜好厌恶,在这个数据分析的基础上编写和优化剧本,以此保证收视率。

亚马逊通过大数据分析进行预测实现了"预判发货",这是基于大数据挖掘和分析才得以实现的一项技术。"预判发货"是指在消费者还未下单时,就将消费者可能购买的商品进行打包并寄出,商品可能会直接寄给消费者,或者寄到离消费者最近的仓库中,这样可以大大缩短消费者获得商品的时间。这种技术的实质是通过大数据的挖掘和分析,对消费者行为进行预测,将发货过程交给"算法"处理,实现大数据处理的智能化。

5. 监测和防范品牌危机,维护品牌形象

互联网具有自由度高、开放度大的特点,人们可以在互联网上自由地发表个人观点,互联网上的信息是公开透明的,并且信息的传播速度也很快，这就导致所有信息都可以在很短的时间内大范围地传播开来。在这种情况下，企业应该对品牌形象和口碑进行监控，防止一些负面消息在网络上肆意蔓延，品牌形象是维持品牌生命的重要环节，所以一定要对其加以重视。

通过大数据技术对网上有关企业的信息进行实时监控，发现不良信息及时采取相应的公关措施，防止信息传播，将损失降到最低，同时可以及时发现数据来源并进行跟踪，可以找到消息的源头和关键节点。为了品牌的生命，通过大数据技术对品牌口碑和形象进行维护是必不可少的。

6. 监测竞争对手的行为

知己知彼百战不殆，在激烈的市场竞争中，想要长期生存下去，不仅需要对自身不断地改进提高，还要对竞争对手进行充分了解。企业会对市场中的竞争企业的动向进行追踪和了解，通过数据分析判断对方的战略，从而对自己的战略方针进行制定和调整。通过互联网可以获取海量数据，这就为企业利用大数据技术分析对方企业的行为提供了基础，可以帮助企业更好地在竞争中生存。

（二）大数据已进入 4G 时代

从 2013 年 12 月 4 日，国家工信部正式向中国电信、中国移动和中国联通发放 4G 牌照开始，中国正式迎来了 4G 商用时代。这是一个十分重要的时间节点，中国开启了赶超世界之路。

1G 是指第一代移动通信技术，随着移动通信技术的飞速发展，中国早已经正式进入 4G 时代，即第四代移动通信技术时代。每个发展阶段的移动通信技术都具有不同的特征，每个阶段之间的区别可以从表 4-1 看出。

表4-1　不同类型移动通信网络的区别

类别	主要服务	典型业务
1G	语音服务	语音通话
2G	语音和低速率数据业务	语音通话、短信、彩信等
3G	语音和相对快速的数据服务	语音通话、数据流量
4G	更快速的数据服务	高清视频传输、云端游戏等

移动通信技术的发展使得人们开启了全新的上网体验,网速的大幅提升,提高了人们的上网体验,随之而来的还有各类全新的应用和服务。4G时代为人们的移动互联网活动带来了更广阔的想象空间,新型应用也相继而来。

4G技术会在大数据在集、传输和应用等各个方面发挥作用,引起大数据革命。同时,随着数据规模的不断扩大,很多时候数据需要经过处理才可以加以应用,这就促进了大数据处理行业的发展。相较传统的通信技术,4G的数据传输最大速率超过100 Mbit/s,是移动电话数据传输速率的1万倍。4G技术投入使用后,会为各个行业带来新发展和新变化。

第一,网络基础设施的建设会加快,进一步推进信息高速公路的建设,与之相关的通信设备厂商之间的竞争也会发生改变,呈现出全新的竞争格局。

第二,促进终端设备市场的发展,推动其采购和销售。随着终端设备市场的发展,可以推动该行业进军国际4G市场。

第三,4G业务开展后,电信运营会得到一定的助力,有助于运营商转型创新。

第四,随着4G网络的搭建和不断完善,还有不断发展的4G业务和应用相继开发,手机用户将越来越多使用移动互联网,大范围地将移动互联网代替电脑终端互联网的使用,这就直接促进了用户对建移动流量和数字内容的消费。

4G技术有助于大数据的采集和传输,数据的规模也会不断增加,这就会推进大数据存储、计算和分析技术的革新。而这些方方面面的变化也带来了大数据产业链上的商机,大数据技术行业也会越来越繁荣。

第二节　价值数据的挖掘

一、数据挖掘的定义

数据挖掘就是从大量的、不完全的、有噪声的、模糊的、随机的实际应用数据中,提取隐含在其中但又是潜在有用的信息和知识的过程。与数据挖掘含义相似的词有数据融合、数据分析和决策支持等。该定义包括以下几层含义:

第一,数据源必须是真实的、大量的、含噪声的。

第二,发现的是用户感兴趣的知识。

第三,发现的知识要可接受、可理解、可运用。

第四,并不要求发现放之四海皆准的知识,仅支持特定的发现问题。

这里有必要对知识进行讲解。从广义上理解,数据、信息也是知识的表现形式,但是人们更把概念、规则、模式、规律和约束等看作知识,把数据看作形成知识的源泉,好像从矿石中采矿或淘金一样。

原始数据可以是结构化的,如关系数据库中的数据;也可以是半结构化的,如文本、图形和图像数据;甚至是分布在网络上的异构型数据。发现知识的方法可以是数学的,也可以是非数学的;可以是演绎的,也可以是归纳的。发现的知识可以被用于信息管理、查询优化、决策支持和过程控制等,还可以用于数据自身的维护。

因此来看,数据挖掘是一门交叉学科、它把人们对数据的应用从低层次的简单查询,提升到从数据中挖掘知识,提供决策支持。在这种需求牵引下,汇聚了不同领域的研究者,尤其是数据库技术、人工智能技术、数理统计、可视化技术、并行计算等方面的学者和工程技术人员,一并投身到数据挖掘这一新兴的研究领域,形成新的技术热点。

二、数据挖掘的过程

数据挖掘(Data mining)是数据库知识发现中的一个重要步骤,这是指通过算法在大量数据中搜索有效信息的过程。数据挖掘需要对每个数据进行分析,并通过分析探索其中的规律,是一项十分重要的数据技术。数据挖掘的一般流程如图 4-1 所示。

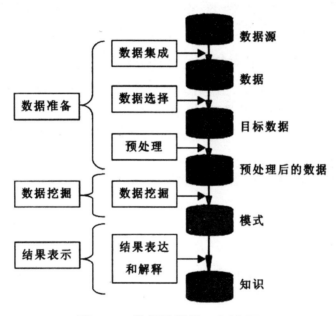

图 4-1　数据挖掘的一般流程

数据的挖掘过程是指对所得到的经过转换的数据进行挖掘,其一般流程如表 4-2 所示。

表 4-2　数据挖掘过程的流程

挖掘步骤	具体内容
第一步：建模	在建模阶段,可以选择一个或几个模型进行测试,并确定最佳数值。一般情况下,同一类的数据挖掘可以使用相同的模型技术。有些时候,一些技术在数据形成上有特殊要求,因此需要经常跳回到数据准备阶段
第二步：评估	经过模型建立阶段,应该已经建立了一个高质量显示的模型。在这个阶段,需要对建立好的模型进行评估,检查构造模型的步骤,确保模型可以完成业务目标。通过详细认真的模型评估,检测是否有被遗忘的部分没有进行充分考虑。经过这个阶段后,一个数据挖掘结果使用的决定必须达成
第三步：部署	经过模型的创建和评估不意味着项目结束,最后还要进行部署。模型的作用是从数据中找到信息,获得的信息需要以便于用户使用的方式重新组织和展现。根据不同要求,在这个阶段可以生成简单的报告,或者是实现一个复杂的挖掘过程。同时,数据部署很多时候都是通过顾客进行的

商家想要创造最大的价值,就需要把握客户生命周期中的不同阶段中的不同事件。数据挖掘技术就可以帮助商家更好地处理客户关系,可以在争取客户、维护客户关系、保持或是创造更多客户价值等,通过数据挖掘对客户关系进行管理是十分有效的。

三、从网络中挖掘营销价值

随着互联网高速发展,它已经成为现代人们生活的一部分。互联网实际上就是一个庞大的数据库,其中蕴含了海量数据,这些数据涉及各个行业和领域。下面通过一些案例,对数据挖掘技术在互联网上的应用进行介绍。

（一）邮件数据挖掘分析工具 Immersion

美国麻省理工学院媒体实验室的一个团队开发了一款 Web 应用 Immersion,这个应用可以通过邮件挖掘其中的数据。根据挖掘这些用户邮件信息,就可以建立一张以个人为中心形成的巨大的"邮件联系网络"。

Immersion 能够挖掘用户通过接收和发送邮件产生的数据,通过对这些数据进行挖掘和分析从而得到个人关系网。Immersion 包含了自我反思、艺术、隐私和策略四层含义,它不仅仅只是进行简单的数据挖掘而已。它使人们了解到邮件中包含的巨大数据,让人们了解我们日常生活中的一个小举动所产生的数据。

Immersion 可以利用 Gmail 的 MetaData,在短时间内搜索出某人的社交关系,如图 4-2 所示。该应用可以监控到邮件的发送和接收情况,并可以通过图像将人际邮件交往关系进行体现。例如,下图中每一个圆都代表一个个体,通信次数越多,圆形则越大,其中代表 Anita 的蓝色圆形很大,意味着该个体与 Anita 的交往频繁。同时可以看到,Immersion 可以将本没有直接联系的两人,通过邮件交际网络连接起来。

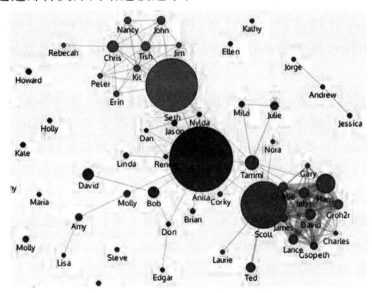

图 4-2　Immersion 邮件联系网络

Immersion 只对邮件涉及的个体和时间进行分析,并不会涉及邮件内容,这种方式有利于保护个人隐私,但同时也导致其提供的信息价值仅限于单纯的联络关系。

（二）利用身体中的大数据进行营销

在信息爆炸时代，DNA 数据也提供了海量基因数据库。据统计，2013 年全球约有 25 万人进行了完整／部分 DNA 测序，随着市场不断成熟，这个数值会持续攀升。随之而来的也会有越来越多的行业和领域进入基因市场，基因数据会越来越多地被应用。

就目前来说，大范围地进行基于基因数据营销的时机还不成熟，但是很可能会基于基因数据产生全新的行业和领域。阻碍基因营销发展的一个重要原因就是基因测序的成本问题，过高的成本使这项技术还没有普及，但随着测序技术的不断进步，以及测序市场的不断成熟，在未来基因测序的成本也会降低到人们可以轻易接受的程度，那样就会为基因营销提供基础。美国创业公司 Miinome 开展基因测序计划，提出若用户愿意把自己的 DNA 数据用作市场营销的话，可以免费为该用户提供一次基因测序机会。

与之相应的，网络广告模式也应同步更新，也许需要一种全新的广告模式帮助分析用户数据进行精准定位。Miinome 的数据专家认为，类似亚马逊、Twitter 这样的消费级互联网企业，具有专业的服务器运算能力、软件技术支持、数据挖掘和算法等资源，将会成为其主要客户。

以现在的科学研究水平，以及基因市场状况来说，基于基因数据进行大规模营销还比较遥远，但是对广告公司来说这是十分可行的。如果可以通过基因数据分析精准的定位客户需求，那么基因数据的价值会被很多公司看中，进而成为各家公司争抢的数据资源。

（三）Facebook 在北极圈建立数据中心

Facebook 将其开源试验中心建立在北极圈以南 100 公里的

瑞典吕勒奥镇边沿的森林中,它由数以千计的矩形金属板组成,看起来就像一个外表不规则的飞船,如图 4-3 所示。

数据中心的选址与系统的效率有很大的关系。瑞典拥有非常多水电大坝,这可以为数据中心提供大量廉价且可靠的电力能源。同时,该地区大部分时间温度都在零下 50 度以下,Facebook 的这个数据中心经过设计后可以充分利用这种寒冷的天气。他们将外部的冷空气通过巨型风扇抽入为服务器散热,这样可以提高 10% 的效率,同时可以减少将近 40% 的用电。

图 4-3　Facebook 位于北极圈的开源试验中心

第三节　大数据的商业智能和发展趋势

一、大数据的商业智能

大数据为人们的生活带了无限的可能,智能商业随着大数据时代的来临应运而生。智能商业正在人们的身边不停发展,在不知不觉中它已经为人们的生活带来了越来越多的便利。

（一）商业智能的发展前景

总体讲,商业智能（Business Intelligence，BI）的发展具有实时、操作型、与业务流程的集成、主动以及跨越企业边界等特征。商业智能的实时性可以帮助企业快速地进行数据处理,保证数据是最新的,以此保证处理结果的时效性,这样才能向客户提供及时、有效的决策。

商业智能为商业带来了巨大的转变,在商业分析、企业绩效管理、企业绩效优化等方面都起到了很大作用。但目前商业智能还处于不断发展的阶段,关于其发展趋势可以由表4-3看出。

表 4-3　商业智能的发展前景

发展前景	趋势预测
内存分析	内存技术是一项关键技术,随着不断扩大的数据规模,内存分析的数据快速分析能力是必不可少的。将来企业会越来越多地采用 HANA 和 Exaltics 这类高端应用,但一般客户还会继续使用 QlikTech、Microsoft 及 Tableau 等供应商提供的灵活的内存解决方案,或者使用 MicroStrategy 等使用方法之类的纯软件解决方案
数据可视化	数据可视化技术是商业智能一个重要的发展方向,这是指将大型数据集中的数据以图形图像形式表示,这需要更高级的技术才能实现。虽然在一些行业,会将可视化与内存技术混同,但实际上这两者是不同的。不少可视化发现工具也内置了内存引擎
大数据	庞大的数据规模会影响硬盘的读取速度,为了改进这一点,就需要一个快速到让用户感觉不到卡顿的平台,同时还要保证该平台可以简单地让业务人员投入使用。大数据让更灵活的框架和拥有灵活数据挖掘算法的商业智能解决方案,拥有了更广阔的发展空间
移动 BI	随着移动互联网的不断发展,移动 BI 的性能也会不断提高为了适应移动互联网时代,BI 供应商会对相关产品和应用进行调整,一次适应移动 BI,会提供安全性更高、功能更齐全的移动 BI
云计算 BI	云计算 BI 是为了应对大数据时代的一项有效技术,它可以帮助减少内存消耗,可以在计算高峰时期提供灵活的数据解决方案
协作型商务智能	从数据出发,可以在供应商、企业内部和客户之间共享分析的结果,来预测某些行动可能会产生的风险

（二）大数据为商业智能构建基础

数据是商业智能的基础。商业智能是一种数据处理的工具，它可以对企业中的数据进行有效分析，将分析结果提供给企业，帮助决策者在数据分析结果的基础上做出正确的判断和决策。商业智能可以帮助企业更快速、更有效地进行数据处理，从而提高决策的质量，是一种十分实用的商业工具。

大数据 BI 有别于传统 BI，它是对大数据进行分析的 BI 软件，可以进行 TB 级别数据的实时分析。大数据 BI 的应用，可以通过阿里巴巴的"双十一"活动进行分析。阿里巴巴看到了资源共享与数据互通创造出的商业价值，将云计算作为基础，为"双十一"活动提供了大数据服务，对亿万消费者的需求信息进行捕捉，并根据实时动态进行销售决策调整。

当前来看，信息技术的更新速度十分快，技术更新不断地刷新着信息市场，也不断地对 BI 市场环境进行改变。技术的革新带来了更多应用和服务，例如微博、云计算、物联网、移动互联网等，这又带来了信息爆炸，这就为 BI 的发展提供了丰富的数据土壤，让其能够蓬勃发展。

大数据为 BI 带来了丰沃的数据土壤。对数据挖掘来说，大数据量要更容易对比，这就加速了 BI 效率和整合性能力的提升。可以看出，与大数据相关的 BI 分析将会进入高速发展期，这将会是一个重要的发展方向。

（三）商业智能成就行业价值机会

Howard Dresner 在 1989 年首次提出了商业智能的概念，这一概念已经提出就引起了广泛关注，不久后就被人们广泛获悉。当时将商业智能是指集合了数据仓库、查询报表、数据分析、数据挖掘、数据备份和恢复等，以帮助企业决策为目的的技术及其应用。

在大数据时代,企业需要足够的能力才能抢占大数据市场,而这就需要对大数据具有一定的分析和应用能力。对于企业来说,报表的呈现和简单分析只能说明技术具有商业性,却不能体现智能性。想要体现智能性,就要求技术或是应用具有结合环境进行数据分析的能力,不是单纯地对数据进行简单的统计和分析,而是结合目前的社会、市场和行业等环境的状况,对数据进行有效分析,并根据分析结果提供有价值的信息的建议。想最大限度地发挥出 BI 的智能性,就要尽量的挖掘范围更广、深度更大的数据,并以此为基础建立起更为科学有效的分析模型。

商业智能与大数据两者是有区别的,大数据通过对商业智能工具的应用对大容量数据和非结构化数据进行处理。相较于传统的数据仓库系统,大数据分析对数据的分析和处理具有一定延展性,不仅关注结构化的历史数据,而且倾向于对 Web、社交网络等非结构化数据进行分析和处理。大数据可以向商业智能没有触及的领域进行伸展,它是商业智能的一项补充。

如在 2002 年,民航旅客量突破 1 亿人次。对于 1 亿人次带来的海量数据,航信团队意识到了数据挖掘的必要性。为了更好地对这些数据进行收集、分析和处理,航信团队在数据仓库平台方面做了早期的挖掘。在随后的调查研究中,IT 团队利用专业的商业软件对此进行科学部署,通过一系列活动为客户带来了更多价值。

随着商业智能的发展,许多大企业都将其作为强有力的掘金石,与信息化建设有机结合、无缝连接,对数据进行分析、处理,随后通过 BI 提供相应的解决方案,这已经成为企业信息化发展的基本流程。但对于一些中小型企业,关于 BI 的开发和使用还存在一些难点,这需要他们加深对 BI 的了解,并通过加大投资积极开发。

据 Gartner 的研究,BI 市场正在以很快的增长速度进行发展,2020 年市场价值将达到 1 360 亿美元。目前,已经有很多企业将 BI 融入他们的生产经营中,这也为他们带了更多的便利、创造了更多的价值。BI 的运行模式如图 4-4 所示。

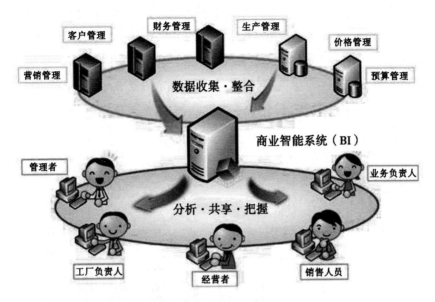

图 4-4　BI 运行模式

二、大数据推动时代变迁

移动互联网高速发展，很大程度上人们使用移动互联的时间和频率比传统互联网的长和高。随着智能移动设备的推广和普及，带来了海量数据的爆发。在这种背景下，人们都在讨论什么是大数据，又该如何正确地利用大数据创造价值。

从实质来看，大数据是数据云，将其科学合理的营运到日常的生产经营中是企业应该追求的效果。将实时感知、分析、对话、服务能力作为基础，让数据流成为商业、营销活动的核心。为了更好地利用大数据，应该明确大数据时代的业界生态。

（一）互联网生态结构发生转变

庞大的智能手机用户群，象征着目前移动互联网的发展蓬勃。随着移动数据的爆发式增长，对于移动数据挖掘和利用的需求愈加明显。移动互联网高速发展的节点，为实现大数据提供了前提。

据数据统计显示，2018 年 1 月至 6 月，移动互联网接入流量消费累计达 266 亿 GB，同比增长 199.6%，如图 4-5 所示[①]。从统计数据中可以看出，目前我国移动互联网的发展规模极其庞大，这就导致互联网的生态结构发生了转变，传统的计算机终端互联网开始向移动互联网转化，移动互联网为大数据提供了大量数据来源。

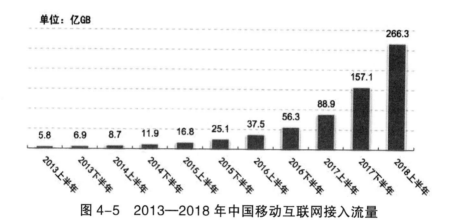

图 4-5　2013—2018 年中国移动互联网接入流量

（二）数据方式转变

随着互联网生态结构的转变，人们在工作和生活中产生越来越多的数据。随着科技的发展，人们将会产生更多数据，对于这些海量数据的应用也将更加科学合理和多样化。如果将这些越来越多的海量数据进行单纯的储存，那将无法将这些数据的价值发挥出来，也就不能达到应用大数据技术的目的。大数据的市场增速惊人，同时也可以预见大数据带来的巨大商机。但问题的关键是，企业该如何合理的利用大数据创造价值，放在那里的数据是没有价值的，只有找到合适的应用方法才能发挥其效力。

① 42 次《中国互联网络发展状况统计报告》[EB/OL].http://www.cnnic.net.cn/hlwfzyj/hlwxzbg/hlwtjbg/201808/t20180820_70488.htm.

（三）互联网营销方式产生变化

目前数据结构正在发生转变，从单一转向多样，文字、图像和视频占了很大比例。在大量的用户信息数据的基础上，互联网营销也会开始向个性化转变。在人们的日常生活和工作活动中，都在不停地制造大数据，例如用户发送微博、通过百度进行搜索、在购物网站进行买卖等，这些行为都会生成大量数据，而企业需要做的就是利用这些数据进行个性化的网络营销，通过对数据进行收集和分析，提升服务质量，进而增强营销的效果。

截至 2018 年 6 月，我国网民规模为 8.02 亿，互联网普及率达 57.7%；手机网民规模达 7.88 亿，上半年新增手机网民 3 509 万人，较 2017 年末增加 4.7%，网民中使用手机上网人群的占比达 98.3%；网络支付用户规模达到 5.69 亿，其中，手机支付用户规模为 5.66 亿，半年增长 7.4%[①]。我国手机支付的发展十分迅速，很多人养成了用移动互联网进行购物和支付的消费习惯。因为人们在消费时开始倾向于网络消费，所以我国在广告投放方面也要发生转变，开始转向个性化营销，从流量购买转向人群购买。商家想要占据市场上的有利地位，就需要主动迎合用户需求，这就需要利用大数据技术来分析数据，再利用数据。

第四节　新环境下的大数据营销策略

一、通过大数据对客户形象进行描画

市场变化要求传统零售企业必须转型，而不同的企业根据自身情况会选择不同的转型模式。一些企业选择全渠道经营模式，同时开展实体店、网上商城和移动端的多渠道经营；一些企业选

---

① 42 次《中国互联网络发展状况统计报告》[EB/OL].http://www.cnnic.net.cn/hlwfzyj/hlwxzbg/hlwtjbg/201808/t20180820_70488.htm.

择与第三方电商平台进行合作,通过合作共同开发线上线下项目;一些企业选择O2O模式,专注于本地市场,通过O2O模式开展社区式经营等。但是不论传统零售企业选择哪种转型模式,其核心都是以客户为中心,尽可能满足客户的消费需求。

需要注意的是,由于网络购物使消费者的购物需求越来越个性化,在零售业的上游,已经在一定程度上实现了生产方式的转型。例如,青岛红领集团对其过去十多年所积累的超过200万名的客户个性化定制版型数据进行整理,以此为基础建立了自身的量体数据、西服版型和尺寸的数据库,而利用庞大的数据和相应的技术,红领集团可以通过计算机3D软件平台对西服的版型进行科学高效的自动设计。

市场环境已经发生了重大改变,传统零售企业想要生存和发展就必须在这样的形势下寻求出路,要进一步充分发挥大数据的作用,通过大数据描画客户的立体形象,以此为基础对客户进行具有针对性的营销。

如上海大悦城利用大数据在2014年万圣节开展了一次营销活动,在开展这次"鬼屋"活动之前,上海大悦城利用大数据按照一定条件描绘出客户群像。第一个条件为女性,因为女性对本次活动主题以及购物更感兴趣,并且女性客户还会很大机率带来男性客户;第二个条件是该客户曾在商城消费过,但是在近一个月内并没有再次消费。在设定条件后,按照条件筛选出12万商场会员中的1 824人,最终实际兑换的人数128人,转化率为7%。与上海同期的零售业同类促销活动相比,这组数据十分喜人。

上海大悦城的万圣节"鬼屋"主题营销是一次成功的精准营销,充分利用大数据来打造专属的定向营销活动,可以有效地帮助企业节约营销成本,同时通过成功的营销还可以为企业带来更多的利润。零售企业在利用大数据进行差异化营销时,可以从以下几个方面着手。

（一）对数据进行正确分类

零售企业在进行营销时,对某个方面进行分析时需要某一群组的数据,而对其他行为进行分析时,则需要与之前不同的另一群组数据结合。因此,为了更好地开展营销活动,零售企业必须对数据进行科学、正确的分类,对数据进行分类的方法如图4-6所示。

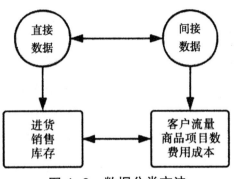

图4-6　数据分类方法

一般来说,直接数据是指可以直接反映商业行为表象的大数据,如进货数据、销售数据、库存数据等;间接数据是指间接反映商业行为的数据,如客户流量、费用成本等数据。在对数据进行大致分类后,零售企业不可以仅对直接数据进行分析,同时还要对其他分类的数据进行分析,因为在对数据进行分类和分析时,数据越广泛,数据的质量越容易提高。

（二）对数据进行专业分析

很多零售企业认为,大数据业务部门只是技术部门的一个下属部门,通常在部门设置上也这样实行,有一些零售企业并没有设置专门的大数据部门,而是在技术部门对企业经营信息进行管理时,开展一些大数据研究工作。但是大数据分析是一项复杂、系统的工作,并不可以通过这种附带形式进行。

大型零售企业应该设置专门的大数据团队或部门进行大数据分析的相关工作,并且要求这些工作直接向企业副总级别汇报。在大数据分析专业团队中,不仅需要 IT 技术人员,同时还应配备经济学、数学、统计学、市场调研等方面的相关专业人员,并保证这些人员可以紧密沟通联系。通过建立大数据分析团队,能够紧密联系市场部门,以此对客户的消费行动和趋势的相关数据进行统计和分析,还可以紧密联系技术部门,通过大数据分析且协助技术部门进行企业内部的经营管理。在这样的架构运作下,大型零售企业可以在较高层面下对大数据进行应用。

（三）加大对预测性销售分析的投入

虽然大数据分析对于零售企业具有重要作用,但是在这个方面不断地投入资金并不实际,因此,零售企业应该有选择性的进行投入,将资金大部分投入在预测性销售分析方面。通过预测性分析可以帮助企业锁定营销对象,可以有针对性地将销售力量集中在最有可能最终消费的客户上。

目前来看,有一些预测性销售软件可以通过数据分析做到这一点,但是对于零售企业而言,可以对不同渠道的数据分别进行分析,深挖数据分析出有效信息。通过深层次的分析,可以帮助企业获得有价值的信息,并以此为基础开展有针对性的营销,锁定营销对象开展工作。通过科学有效的大数据分析,可以很大程度上简化购物体验和售前服务的过程。

二、积极开展大数据分析

（一）财务数据分析

财务数据分析是一项企业财务部门的基本工作,财务部门会对企业的资产流动性、现金流动性、负债水平、资金周转状况等财务数据进行分析,以此保证企业的正常运营。在财务数据分析中,应该着重强调对企业部门、人员、商品、供应商和时间等各个维度上财务数据进行分析,具体包括成本、利润、库存、销售数量、销售金额、盈亏平衡点和市场占有率等。

（二）商品数据分析

商品数据的主要来源是商品基础信息和商品销售信息，具体来说，商品分析主要是对商品的类别结构、品牌结构、价格结构、毛利结构、结算方式和产地结构等进行分析，对商品指标进行科学分析，可以帮助企业了解商品情况，以便及时调整企业的商品结构，以此优化商品配置，提高商品竞争能力。

（三）销售数据分析

销售数据主要是指企业的各项销售指标，如商品毛利、毛利率，以及企业的交叉比、销进比、同比和环比等。通过对企业的销售数据进行分析可以了解具体的销售情况，还可以在不同的维度深挖数据的深层含义。例如，可以从销售的管理架构、类别品牌、日期、时间段等维度对销售数据进行分析。

（四）客户数据分析

客户分析的对象是客户群体的购买行为，通过对客户指标进行分析，可以了解客户基本信息、消费习惯等，以便更有针对性地开展商品营销。基本数据包括客户的家庭组成、年龄性别、支付能力等。从整体商圈的层面进行分析，还包括客单量、购物高峰时间等，通过对这些数据进行分析可以为该商圈的营销方案提供支持。

（五）人员数据分析

零售企业通过对人员指标进行分析，可以了解企业人员的工作情况，还可以以此为依据激励员工提高业绩。主要包括对销售指标、毛利指标、采购员指标等进行数据分析。在人员分析中，主要会对企业的人员构成、销售人员平均销售额、不同管理架构的平均销售额等指标进行分析研究。

（六）供应商数据分析

在大数据分析实践中，对于大型零售企业而言，供应商数据分析具有十分重要的作用。企业对供应商在特定时间段内的不同指标进行分析，可以为零售企业对供应商的引进、储备、淘汰提供科学依据，同时还可以提示零售企业处理供应商库存商品。供应商数据分析的具体项目主要包括订货量、库存量、退换量、销售量等数据的分析。

三、通过数据分析和管理唤醒老客户

（一）零售定价进一步个性化

在传统零售时代，已经有企业做过个性化定价的尝试，不少超市曾经在产品货架上贴出标签，并以图形和文字示意哪些商品比竞争对手便宜。这样的定价理念曾经产生过强大的影响力，然而，在互联网覆盖下的今天，还需要进行充分的升级和发展。

为了做到定价个性化，零售商在为商品进行定价之前，应该充分了解商品能够为客户带来怎样的价值，同时参考周边竞争对手的定价，这种传统定价模式能够很好地满足供需之间的平衡。

具体而言，为了留住那些能够随时在互联网上进行比价的客户，零售上应该对不同的客户进行评估，了解他们根据自身的心理和需求，对产品给出怎样的价值评定。随后，企业可以对这些商品给出不同的价格优惠。另外，零售企业还应该充分了解主要客户群体的消费模式和潜在购买能力，并收集他们在其他零售商那里消费的信息。

虽然做到上述目标还有更长的努力过程，但企业必须认识到，对商品进行个性化定价，是零售企业未来为客户进行立体画像式营销的必由之路。

（二）为消费者提供个性化知识

社会分工日益精细化、专业化，即使只是日常生活用品的购买，也经常有可能让大多数消费者感到茫然。这是因为他们并不一定具备足够的专业知识，也难以对产品进行有效鉴别和评估。但越是如此客户越是希望能够获取和商品相关的信息和知识，否则其购买过程中个人体验到的风险感将会不断上升。

由于对单向式的营销沟通感到不信任，因此，客户需要在购买之前，主动通过不同途径获取和商品有关的知识和信息。即使这些知识和信息并不一定充分、准确，但他们依然能够从中获得心理平衡。为此，零售企业可以根据不同消费者群体的心理需求，在他们所习惯的渠道中开辟信息来源，为他们提供个性化的服务。

企业应该针对不同对象的消费特点进行服务。如那些工作压力较大、紧张度比较高的消费者，他们通常追求购物的方便性，而相应缺少对日常生活消费品知识的了解。因此，企业可以抓住这些人群生活习惯特点，从其集中的移动网络平台如白领QQ群、同城交友论坛等方向入手，为他们普及日常生活消费品的常识，并引导他们去门店消费。而对于一些自由职业者、家庭主妇或老年人，希望通过购物消遣时间获得生活乐趣，同时又对数码产品等包含高科技因素的消费品缺乏了解，此时企业可以通过其经常接触的信息渠道（如电视、广播、报纸等）提供知识普及服务，这样既能满足其心理需求，又能进一步具体接触他们并获得相关客户数据信息。

（三）分析地域客户流，改变营销服务策略

那些中小型零售企业，往往将主要精力放在社区、商业区，但大数据主导的个性化营销并不遥远。事实上，这些企业能够更快地分享到大数据带来的个性化市场蛋糕——便利店、小型超市在对周边居民的收入水平、生活习惯、社交圈等进行充分调查，随后再根据调查结果,决定如何对门店营销内容加以充实,为客户提供不同的商品和服务,这样的改变往往很快就能收到效果。

四、利用大数据分析提升客户体验

（一）利用大数据分析获得有价值信息

在刚进行大数据分析时,企业可以通过电子邮件、网站点击量等数据中收集客户意见,以此为数据支撑进行新决策,并为客户提供有针对性的个性化服务。但是,这样的决策通常都是采用向客户进行产品推荐的形式来完成。

数据类型不断更新,分析工具和技术能力也越来越先进,依靠这些,零售企业可以通过对客户的已有行为进行分析,了解和掌握客户的内在的、深入的见解。利用收集到的客户意见,零售企业可以对市场营销活动进行重新划分,实现营销行的转向,从原来的面向客户群体市场地营销转向面对单一产品的"最细分市场"营销,可以根据针对性的为小众群体客户提供相关消息和内容,尽可能满足不同客户的消费需求。

（二）利用大数据加强与客户的沟通

数据是企业为客户提供服务的科学导向,因此数据分析不是指企业单纯地获取和了解客户的采购历史记录,更重要的是深入了解并分析客户一切与消费相关的行为、偏好等广泛数据记录,通过对这些数据进行分析,掌握某一类人的共同特点,以此为基础推动他们进行消费。原来企业只可以依靠自身的经验做出判断,但是大数据分析具有极强的逻辑性,并且这种分析是可控的,通过大数据分析,客户可以在不同渠道享受更加出色和个性化的购物体验。例如,通过大数据,零售企业可以全面掌控其在不同地区、不同渠道的库存数据,以此作为基础,零售企业可以在任何渠道、通过任何方式为客户提供更为便捷的购物服务,有效地提升了客户的购物体验。零售企业与客户的交互如图4-7所示。

通过大数据分析,可以帮助零售企业与客户之间进行充分的交流互动,零售企业可以显著提升客户在服务过程中的参与度,通过良好的交流与沟通,还可以有效提高客户满意度和品牌忠诚度。

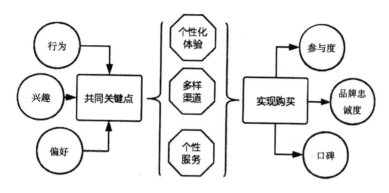

图4-7　零售企业与客户的交互

（三）构建大数据分析系统

随着市场的发展,市场中的数据类型也日益多样化,面对海量市场数据,零售企业必须选择最适合自身需求和目标的平台进行数据的储存和分析。因此,零售企业应该构建自身的大数据分析系统,以此为支撑企业可以更完整和灵活地为客户提供服务。

通过构建这样的分析系统,零售企业可以随时连接数据对相关方面进行分析,也不需要在花费时间和精力寻找数据储存位置,以此为依托,可以更加灵活多样地为客户提供服务。同时,不仅需要构建分析系统,还需要保证零售企业的决策者有能力迅速了解数据,及时发现问题解决问题,推动企业利用服务来转化客户价值。最关键的是,依托分析系统可以实现对营销活动的单纯管理转向整个品牌的客户服务。

（四）利用大数据分析建立公司架构

零售企业进行大数据分析，既能为市场营销提供服务，还可以为公司运营的各个方面提供服务，如采购、财务、电子商务、供应链等。企业通过利用高级分析方法，各个部门都可以为推动建立以客户体验为中心的公司架构而服务，如更改产品定价、开展促销活动、跨渠道挑选等。通过这种方式，客户的宝贵个人体验可以得到企业多个部门提供的全面、及时的保护与提升。

第五章　社群营销

互联网技术的发展,使得社群媒体对于现代经济的运作模式产生了颠覆性的影响。社群营销,是基于圈子、人脉、六度空间概念而产生的营销模式。通过将有共同兴趣爱好的人聚集在一起,将一个兴趣圈打造成为消费家园。2017年社群营销发展迅速,互联网重归部落化。"罗辑"思维、一条、宝宝树、吴晓波频道、年糕妈妈、餐饮老板内参、铁血论坛等众多自媒体或社群商业主体快速发展。随着社群互联网生态圈的形成,传统意义上的营销和广告方式的有效性被大大削弱。

第一节　社群的构建与运营

一、社群的内涵

（一）社群的概念

社群是在社区成员之间的关系得到进一步强化的基础上形成的稳定群体。就没有地缘优势的虚拟网络社区而言,如果进化不到社群这个阶段,其生命必定不会长久。一旦社区成员的新鲜感过去,或社区不能带来价值,该社区很快就会成为"死群",直至解散。因此,相对于社区,社群的着力点在于提供价值,例如某类技术群,定期放送计算机使用技巧、软件教程等,或者是某明星的粉丝群,能够不断地放送一些偶像的"独家私密信息"、照片等,这样才能留住成员。

（二）社群营销的优点

社群营销集宣传、推广、体验于一身，深入消费者内部，有着其他营销方式无法比拟的优势，这主要体现在以下几方面。

1. 氛围好

社群营销由于贴近消费者的生活，很容易引发消费者的共鸣，配合社区内长期的宣传推广、优惠活动等，可以显著提升消费者的购买欲望。在消费者尝试产品后，可以提供优质的售后服务，培养消费者的品牌忠诚度，甚至是培养或改变消费者的消费观念。

2. 针对性强

由于同一社区内的人们往往有着相同之处，或者相似的生活习惯、认知和消费意识等，因此社群营销有很强的针对性，可以根据产品和社区内消费者的特点进行集中重点的宣传，使营销更具穿透力和杀伤力。

3. 口碑宣传比例高

社群营销形式直接，消费者能够现场体验，可信度较高，而且消费人群密度高，为口碑扩散提供了有利条件。同时，社区内消费者有着相似的认知，相互之间有较高的信任感，这些都能使口碑宣传的效果更加明显，提高产品的转化率。

4. 培养典型消费者

社群营销的运作范围相对较小，因此可以集中有限的资源和精力向群成员做推荐，做跟踪，了解消费者的使用感受，提高产品的试用率。社群营销直接面向消费者，双方容易建立信任和情感纽带，使消费者成为产品或品牌的"粉丝"，这些消费者能够使产品在社区内的影响力迅速扩大。

5.投入少，见效快

社群营销由于范围固定,而且主要依托于社区内的宣传媒介,因此并不需要很高的资金投入。社群营销能够直接接触消费者,了解到消费者的实际需求,省略了一切中间环节也不需要苦苦等待消费者前来,往往能够更快地取得成效。

6.快速掌握反馈信息

社群营销能够近距离、多频次地接触到消费者,因此能够更快、更容易地掌握到消费者对于产品、价格、活动的意见建议,保证了信息的及时性和准确性。企业和商家可以根据消费者的具体需求及时调整产品策略和活动内容,改善营销方案,同时也为社群营销战略提供了可靠的信息支持。

移动互联网时代的社群营销几乎已经是企业推广的标配,它在结合网络的应用过程中也在原有的基础上有了一些新的优势。

二、社群的构建

（一）建立社群的目的

做社群绝对不可以在没有充分思考的情况下就运营,还没有想清楚到底能做什么的时候千万不要着急地去推广,在开始运营后再改变社群基调是一件十分困难的事情。一般来说,建群的常见目的有以下几种。

1.销售产品

这类社群成立的目的是为了能够更好地售卖自己的产品。如有一个人通过建群来分享绣花经验,分享完了就可以推销其淘宝小店。这种基于经济目标维护的群反而更有可能生存下去,因为做好群员的口碑,就可以源源不断获得老用户的满意度和追加购买。

2. 拓展人脉

对于职场人士来说,构建和维护一定人脉关系十分关键,这可能是为了扩展业务关系,也可能是基于兴趣。人脉型社群尤其要明确定位,因为很容易找不到自己的圆心。每个人的需求是不同的,如果做社群找不到圆心,是非常容易失败的。

3. 提供服务

这类社群成立的目的是向群成员提供某种服务。如在线教育要组织大量的学员群进行答疑服务,还可以通过微课在线分享知识;有的企业建立社群搭建与客户之间的连接,以提供一些咨询服务。

4. 聚集兴趣

这类社群成立的目的是聚集有相同兴趣的人。这类社群可以基于各种共同爱好,如读书、学习、跑步、书法、音乐等,这类社群的主要目的是吸引一批人共同维持兴趣,构建一个共同爱好者的小圈子。尤其成长是需要同伴效应的,没有这个同伴圈,很多人就难以坚持,他们需要在一起相互打气、相互激励,很多考研群就是这样的。

5. 树立影响力

利用群的模式如果能快速裂变复制的话,可以借助这种方式更快树立影响力。因为网络缺乏一定的真实接触,这种影响力往往能让新入群的成员相信或夸大群主的能量,形成对群主的某种崇拜,然后群主通过分享干货、激励成员、组织一些有新意的挑战活动鼓励大家认同某种群体身份,最终借助群员的规模和他们的影响力去获得商业回报。

6. 打造品牌

这类社群成立的目的是打造品牌。这类社群旨在和用户建立更紧密的关系,并且并非简单的交易关系,而是实现在交易之外的情感连接。社群的规模大了,传播性就可以增强,对于品牌宣传就能起到积极作用。

但需要注意的是，并不是所有品牌都适合通过建立社群的方式提升与用户的关联度，也就是说并不是所有品牌都容易和用户建立产品之外的情感连接，这决定于品牌品类以及沉淀。如消费者不会觉得用一个洗手液就代表什么生活方式，因为其功能性太强；而如手机，作为有潮流度、时尚度、高频度的产品，用户对手机的关注度极高，可以讨论的话题较多，那么，社群就可以快速建立。还有一些并没有在消费者群体中建立起口碑的品牌，也就是说这些品牌并没有品牌沉淀，构建社群是比较困难的。

（二）社群的成员结构

1. 创建者

创建者，顾名思义，就是指创建社群的人。作为社群的创建者，通常会具有一些特质，如很强的专业能力、吸引人的人格魅力等。除此之外，他还要具备一定的威信，能够吸引一批人加入社群，还能对社群的定位、壮大、持续、未来成长等都有长远而且正确的考虑。比如秋叶老师正是由于其在 PPT 领域的影响力才聚集了其核心群的成员，后来一起做课程、建学员群也都是按照他的规划一步步实施的。

2. 管理者

管理者的职责就是科学的管理社群。作为社群的管理者，需要具备良好的自我管理能力，要在群众中起到模范作用，率先遵守群规；有责任心和耐心，恪守群管职责；遇事从容淡定，顾全大局，团结友爱，决策果断；要赏罚分明，能够针对成员的行为进行评估并运用平台工具实施不同的奖惩。

相较线下管理，社群管理并不轻松，在一些环节上反而需要花费更多的时间和精力。管理的道理其实是相通的，线上还会经常遇到一些新的情况、新的问题，这就要考验社群管理者的随机应变能力。管理者还要能挖掘与培养核心社群成员，组建一个核心管理团队,遇到困难,想到一些主意,可以先放到核心群进行头脑风暴,各种天马行空的主意就像火花一样碰撞,然后再推广到普通群解决实施。

3. 参与者

社群的参与者并不一定要步调一致,参与者可以是多元化的,多元连接才能更大程度上提升社群的活跃度,从而提升参与度,建立一个生命力持久的社群,需要每一位成员的深度参与。

在参与者中,建议分成三个维度,分别是:高势能、中势能和普通势能。在比例上,高势能者占5%,中势能者占15%,普通势能者占80%。从某种意义上来说,前两种角色共计20%,但基本上决定了该群的80%的质量和能量,这也是遵循了二八定律。

4. 开拓者

人是社群的主体、核心和资源,必须充分发挥资源,也就是人的作用,才能真正发挥出社群的潜力。所以开拓者要能够深挖社群的潜能,在不同的平台对社群进行宣传与扩散,尤其要能在加入不同的社群后促成各种合作的达成。因此,要求开拓者具备懂连接、善交流、能谈判的特质。

5. 分化者

分化者的学习能力都很强,他们能够深刻理解社群文化,参与过社群的构建,熟悉所有细节。分化者是未来大规模社群复制时的超级种子用户,是复制社群规模的基础。如BetterMe大本营社群的各城市营的营长都是从社群的老成员中精挑细选出来的。

6. 合作者

社群实现持续发展的一个途径就是拓展合作者,这样可以更好地进行资源互换,不同社群间相互分享,通过跨界合作的方式也可以为双方带来好处,可以提升社群的活跃度,可以共同提升影响力,延长生命周期。在这一过程中,要求社群的合作者认同社群理念,同时具备比较匹配的资源。

7. 付费者

社群的运营与维护是需要成本的,不论是时间还是物质资料,都可以看作成本的消耗。所以社群的运作离不开付费者的支持。付费的原因可以是基于某种原因的赞助、购买相关产品、社群协作的产出等。

（三）构建社群的五大要素

构建社群必然需要重视一些必要要素,为了更直观地认识和评估一个社群,从社群运营的实践过程中我们可以总结出构成完整社群的 5 个要素,分别为同好、结构、输出、运营和复制。

1. 同好

同好是构成社群的第一要素,只有存在同好才可能形成社群。同好是对某种事物的共同认可或行为。一群人聚集起来可能是乌合之众,也可能成就一番雄图大业,最重要的是和什么人一起干什么。任何事物,没有价值就没有存在的必要,社群也是这样。可以使同类聚集在一起的原因有很多。基于某种产品,比如小米手机、锤子手机、苹果手机;基于某种行为,比如爱旅游的驴友群、爱阅读的读书交流会;基于某种标签,比如星座群、某明星的粉丝群;基于某种空间,比如某生活小区的业主群;基于某种情感,比如班级群、老乡会校友群,等等。由此可以看出,人们集聚的原因有很多。

2. 结构

结构对社群的存活有决定作用。只有对社群结构做出有效规划,才能保证一个社群的长期存在并保持一定活跃度,这个结构包括组成成员、交流平台、加入原则、管理规范。这四个组成结构做得越好,社群活得越长。

（1）组成成员:发现、号召起同好抱团形成环形结构或者金字塔结构。最初的一批成员会对以后的社群产生巨大影响。

（2）交流平台：找到人之后，要有一个聚集地作为日常交流的大本营，目前常见的有 QQ、微信等。

（3）加入原则：有了元老成员，也建好了平台，慢慢会有更多的人慕名而来，那么就得设立一定的筛选机制作为门槛，一来会让加入者由于加入不易而格外珍惜这个社群，二来也可以保证进群人的质量。

（4）管理规范：人越来越多，就必须有管理，不然大量的小程序、广告与灌水会让很多人选择屏蔽。所以，一要设立管理员，二要不断完善群规。

3. 输出

输出是构建社群的要素，它决定了社群的价值。保持社群生命力的一个重要指标就是保持有价值内容的持续输出。

在一个社群刚刚成立的时候，通常都会有一定的活跃度，但是如果不能实现有价值内容的持续输出，活跃度就会逐渐下降，慢慢地就沦为广告群或者隐形群。没有足够价值的社群迟早会成为"鸡肋"，群员和群主就会选择退群或者解散群。也有一些人会再去加入一个新的"好"群或选择创建一个新群。还有一种情况是群员并不退群，继续留在这个群里，他会看一看这个群能不能给他带来价值，如果观察一段时间以后，发现这个群完全不能给他带来想要的东西，他就会在里面捣乱，因为他已经不在乎会不会被踢出这个群，发些广告也许还能拿回一点沉没的时间成本。因此，想要构建高质量社群就必须为群成员提供稳定的服务输出，也就是要为成员加入和留在社群提供一定价值。

4. 运营

运营是决定社群寿命的关键性构成要素。只有科学有效的运营管理才能保证社群有比较长的生命周期，通常来说，运营要建立"四感"。

第一，仪式感。比如，加入要通过申请、入群要接受群规、行为要接受奖惩等，以此保证社群规范。

第二,参与感。比如,通过有组织的讨论、分享等,以此保证群内有话说、有事做、有收获的社群质量。

第三,组织感。比如,通过对某主题事物的分工、协作、执行等,以此保证社群战斗力。

第四,归属感。比如,通过线上线下的互助、活动等,以此保证社群凝聚力。

一个社群通过科学运营,切实打造社群的"四感",从而加强了社群的凝聚力和战斗力,当然会有效地延长社群的生命周期。

5. 复制

复制是决定社群规模的要素。由于社群的核心是价值认同和情感归宿,那么社群越大,情感分裂的可能性就越大,能够做到规模巨大还能情感趋同的,好像只有宗教了。对于社群的"复制"要素,需要思考两个重要问题。

第一,判断是否需要通过复制扩大社群规模。对于社群存在一个常见性误区,认为没有几万人的社群并不能称为社群。其实,经过前面四个维度考验的群,完全可以称为社群了,小而美也是一种存在方式,而且大多活得还比较久。在构建社群时应该思考一下,如果进入一个人数规模庞大的社群,是不是会屏蔽消息,因为遴选信息的成本高,人员相互认知成本高。与此相反,小圈子里,人员较少,大家相对话题集中,所以小圈子里人人都容易活跃起来。从 QQ 群、微信群等社群的大数据中发现,90% 的用户在不足 20 个人的小群里活跃。人人都想组建人多的大社群,但是许多大社群却非常不活跃,人人都在小圈子里活跃。因此,要以社群的成长阶段作为基础,思考是否要通过复制实现社群规模的扩大,每个社群都有一定的成长周期,应该根据阶段不同而控制扩大节奏。

第二,判断是否有能力维护大规模的社群。通过复制扩大社群规模是一件需要经过深思熟虑才能决定的事情,急于扩大规模却没有考虑自身的实际能力,反而会造成不好的结果。扩大规模时必须充分考虑社群的综合人力、精力、物力、财力等,之后再做出扩大与否的决定。

三、社群活跃度的维持方法

（一）充分发挥社群的领袖作用

保持社群活跃度的一个重要核心是社群领袖,社群领袖一般具有极强的煽动力,具有活跃组内成员参与社群的作用。对于企业和商家,最关键的就是如何能够有效动员社群领袖为自己服务。当然,作为信息的发起者和源头,企业和商家要掌握发动社群领袖的基本原则——明确传递信息、坚定立场、反复强调以及进行传染性传播。在数字化社群中,我们接触的信息实在是太多了。将某一信息植入大脑中是非常不容易的,而要想实现这一目标,传播的信息就必须做到简单而有力量。

对于商家而言,抱着尝试的态度往往会引起不好的结果,必须在信息输出前明确输出的核心内容;但是也不能过于复杂,当前人们的生活节奏都很快,并没有时间听你长篇大论,一定要抓准最重要的输出核心,点到为止。

（二）确定好的社群主题

主题的设定会直接影响社群的活跃度,它是群体成员进行互动的共同指向。主题通常可以划分为普遍性主题和小众主题。好的主题首先要考虑社群成员的需求;其次则是提出者对该主题的熟悉程度。主题本身没有优劣好坏之分,它的评判标准在于是否能够激发社群成员的参与热情,提高活跃度。抛出问题、活动策划都有可能成为好主题。由于参与成本低、问题针对性强、反应效率高,通常是蜕变为好主题的最佳材料。例如,知乎每周都会发布本周知乎热词,还会发布年度最热话题。

（三）增加社群的专业分享

专业分享，是社群信息的有效更新。在社群里，信息可以没有很多，但如果每天推送即时有效信息，该社群的生命力就不会弱。例如，"罗辑"思维的"罗胖"坚持每天一分钟语音信息，"死磕自己，愉悦大家"，获得了大量粉丝。

输入和输出是社群的必要构成要素，其中输入决定了社群输出的质量和成效。只有优质的输入才能为社群带来有效的输出，两者才可能形成互补的闭环结构，维持社群的生命力。专业分享本身类似于闭环结构，它既属于输入，也属于输出。对于社群管理者来说，专业分享是为了诱导社群成员输入各自的知识和见解；对于社群成员来说，专业分享是切磋、交流，是在学习了社群分享的专业知识后一起讨论、共同进步的输出。无论专业分享由何方发出，都会对双方产生巨大影响。

第二节　社群运营团队建设

一、科学合理地扩大运营团队

（一）对形势进行正确的判断

1. 行业趋势

随着社区的成长，必然需要企业壮大自己的小运营团队，而这需要通过理性判断，看清当前形势。这就要求企业充分掌握以下问题。

（1）判断自身的成长阶段，是处于成长期、壮年期还是夕阳期。

（2）如果是成长期，需要考虑迎接风口需要哪些准备？这个风口是不是一定会到来？如果到来，团队该怎么运营？如果长时间不到来,团队该怎么运营?

（3）如果是壮年期,存在红利,那红利周期大概会是多久? 自己是否可以抓住红利? 可以利用的资源有哪些? 如果抓住困难,那团队要做哪些努力才能追上?

（4）如果是夕阳期,寿命大概有多久? 能否转型? 如果需要转型,该做哪些准备?

当然,除了以上问题外企业还需要综合其他情况,而判断自身的成长阶段,选择合适策略是扩大团队的基础。

2. 竞争对手

企业在壮大自身的社群营销团队时,要时刻关注竞争对手的动向,具体包括以下几个方面。

（1）确定自己的实际主要竞争对手有多少有哪些,以及自己的潜在竞争对手有多少有哪些。

（2）了解自己的主要竞争对手的主要情况,与自己相比是处于强势还是弱势,要对其进行具体分析。

（3）掌握竞争对手的优势和劣势,并弄清可以学习借鉴甚至复制创新的部分。

（4）预测竞争对手的未来发展方向,判断其与自身发展方向是否一致。

3. 核心能力

企业必须明确自身的自己核心竞争力。并且还要判断自己能否凭借核心竞争力占据市场并且迅速发展起来。

（二）学会适当放权

对于运营团队管理来说,放权是一件十分重要的事情,但是一些管理者即使知道如此却不懂放权,主要原因有以下三点。

第一,本能厌恶。人本能对风险的厌恶。放权后,可能因为其他人办事不妥当,反而惹出更多事让你善后,甚至错过机会或者降低效率。那么,很多人就不想冒这个风险,也担不起这个机会成本。

第二,替代成本。有些关键职能短期内换人无法替代,有些关键性的职能岗位,替代成本高,短期内也很难找到高度匹配的人。

第三,没有章法。也就是不知道哪些能放权和该怎么放权。

随着团队的壮大,需要处理的问题也会随之增多,管理者会越来越觉得力不从心,而这就要求管理者必须学会正确的放权。权力越大,需要处理的事情越多,而管理者的时间却是恒定的,要求也就越高。抓大放小、学会放权是管理者进化路上的必修课。因此,要从小权开始放,逐步增强群员的办事能力。对于正确授权,需要注意以下几个方面。

1. 明确授权对象

在准备授权时,首先要确定给什么样的人授权,根据对象相关的时、事、地、因等条件的不同采取相应的方法、范围、权限大小等。在社群运营的过程中,事物都有不同的"合适"的人,未必就是最"资深"的那个人。为一个任务选择一个合适的人,要比改造一个原本就选错的人容易得多。因为所指定的被授权人,如果经验多但对于该项任务不擅长或意愿不高,未必就会比经验尚浅但有心学习而跃跃欲试的人适合。

2. 确定授权内容

团队管理者需要明确需要授权的内容。从实际运营工作中衡量,只要是分散核心成员精力的事务工作以及因人因事而产生的机动权力都可以考虑下授。即当社群核心成员列出每天自己要花时间做的事,根据"不可取代性"以及"重要性",删去"非自己做不可"的事项,剩下的就是"可授权事项清单"了。

3. 不能重复授权

管理者在授权时,必须保证内容的明确具体,重复授权、内容模糊都是不可取的。例如,派给 A 一个关于社群调查的任务,随后又把同样的任务交给了 B,这样就造成 A、B 之间的猜疑,各自怀疑自己的能力不行,于是积极性也因此下降。

有时候可能在无意间发生重复授权,因为社群运营并不像企业那样层层严格,有时难免是在口头上的授权,但团队成员就会在语意不明确的情况下,都以为这是交给自己的任务,于是就会出现双头马车的现象,造成团队资源的浪费,甚至引起核心成员之间的不团结,所以一定要注意。

4.授权时要对对方保持信任

既然决定授权,管理者就必须对被授权人有足够的信任,这样才会使被授权者充满信心,不会使团队成员丧失动力。缺乏信任,往往会降低工作效率,甚至产生反抗、厌烦等不良的抵触情绪。正所谓"用人不疑,疑人不用",信任具有强大的激励效应,能够比较好地满足团队成员内心的热情,因信任而自信,工作积极性骤增。

5.授权和授责同时进行

运营团队管理者,需要将权力和责任一起授权给执行人。如果只有权利而没有责任,可能会出现滥用权利的现象,增加社群团队管理的难度。而如果只有责任而没有权利,则不利于激发工作热情,即使处理职责范围内的问题也需不断请示,这势必造成压抑情绪。

6.有控制和反馈

授权不是不加监控的授权,在授权的同时应附以一些适当的控制与反馈措施,掌握进展信息,选择积极的反馈方式,对偏离目标的行为要及时进行引导和纠正,这样才能使授权发挥更好的作用。

（三）重视成本和营收

必须重视营收,即使一个社群并没有商业化运营也是如此。对于公益性社群来说,同样需要考虑持续的现金流营收,长期依靠非持续性的赞助或者志愿者贴补很难坚持下去。

如果一个社群开始商业化的运营，就更应该重视营收状况了。发展得越好，越想做大做强，资金需求的缺口可能性就越大。

二、留住团队的优秀人才

（一）社群核心团队成员流失的主要因素

每个社群都有自己的核心成员，他们是社群的管理者和运营者。核心成员熟悉社群的流程和制度，是社群运营日常工作的参与者，维系社群的正常运转，他们参与程度高，对社群的归属感、成就感会比普通成员更强，对社群贡献大，他们的存在是社群良性发展的重要条件。但核心团队成员离开社群仍然会贯穿社群发展的整个时期。核心团队成员出走有以下几大常见的原因。

1. 缺乏认同感

当前有很多社群成立之初并不是以公司的形式运营，这就导致它们面临经费有限甚至没有经费运营的情况，通常会采用志愿者模式或兼职打赏模式，核心团队成员付出和收获比例落差大。

社群管理者如果没有科学合理地管理社群，没有找准社群定位和发展方向，一味地让人埋头干活，既没有让他们在社群中得到应有的回报，也没有重视他们在社群中的价值，当出现了其他的发展平台，同样的时间，同样的精力，他们预期自己会有更大的回报，那么离开也是意料之中的事了。

2. 工作量过大

当一个社群刚形成时，各种机制并不健全，这个从 0 到 1 的建设过程需要社群核心成员投入大量的时间和精力，也就是说会为他们带来较大的工作负担。

当社群形成规模后，机构庞大，沟通变得更为复杂，各方的合作和事务的数量也会跟着增加。如果没有合理的平衡，高强度的工作会影响到核心团队成员的日常生活,引发核心团队成员的不满,很容易造成人员流失。

3. 心理逃离

社群中有一部分人在社群发展初期势头很足,能够挑起社群中的大任,但是在社群发展的过程中,有时会失去后劲,没有跟上社群发展的脚步,无法在社群中继续找到自己的位置。

核心成员如果对自己的期望很高,社群对他们的期待也很高,那么自己的发展停滞很可能导致他们出现一定心理落差,就会开始对自己的能力产生怀疑,开始质疑自己,对无法再回馈社群而产生逃避,会加速他们离开社群的步伐。

4. 存在外界诱惑

经过社群发展活跃期后,整个社群的活力下降,用户黏性变弱,平台开始走下坡路,核心团队成员看不到社群的未来。觉得继续留着也无力回天,只能另寻出路。或者社群自身力量过于弱小,遇到有其他更有资源的社群来挖墙脚,就直接人往高处走,离开原有的社群。

5. 缺乏凝聚力

人是社群的主体,社群是由不同的个体组成的,某一领域或不同领域的出色人才聚合在一起就会产生化学反应。如果团队缺乏凝聚力,而是存在不停的争论,那么团队便不是团队,而只是一盘散沙。工作氛围差,彼此不理解、不沟通、不包容,会耗尽核心团队成员的精力和时间,还有继续留在社群的耐心。

(二)留住社群核心成员的方法

一个社群如果在运营流程建设、内部沟通文化、团队组织分工、运营绩效评定、商业收益转化几个维度做好工作,社群核心成员有畅快的工作心情、有默契的工作氛围、有合理的工作回报、有可控的投入时间,那么愿意坚持下来的概率就大大增加。因此,在社群在运营过程中,应该重点关注以下工作。

1. 不断完善社群运营流程

实现工作的标准化,这样可以使核心成员花费更少的时间和精力在一些运营琐事上,提升运营效率。例如,秋叶 PPT 团队,一直强化社群核心成员工作事务的标准化,一开始,课程开发,内容运营,产品推广和客户服务都集中在两个人身上,随着社群规模成 10 倍增加,就需要细致总结一些工作的方法,变成可以标准化操作的流程,这样就可以把一些非核心业务外包给社群成员完成,这样既可以解放核心成员的精力,也可以控制运营工作的质量,这个运营标准化梳理工作会一直伴随着社群的扩大而不断持续进化。

2. 追求小而精的运营规模

对于管理而言,最重要的是将正确的人放在正确的位置,实现管理人员的合理分工,尽量让成员做自己擅长的事情,对于社群运营来说也是如此。但要特别注意的是,社群核心成员并不需要全部扎堆在一起,都在一个群或加入全部在线聊天群,这样会给核心群员极大的信息过载负担,容易引起疲劳,所以更提倡"核心群 + 多讨论组"运营模式。

如秋叶 PPT 团队的一些成员对专业课程内容相关的问题上更感兴趣,那么就不让他们参与社群日常运营工作,甚至可以让这些成员不加群,以此减少弹窗消息对其造成的负担,但是会另外建立讨论组讨论有关的工作,会在线下活动时邀请其一起聚会,加深彼此之间的感情。

3. 设置有弹性的组织架构

目前有很多社群的核心团队成员是以兼职或志愿者的形式参与社社群运营工作的,当这些成员面临较大的学习或本职工作压力时就只能选择退出运营团队。如果采用弹性的组织架构,本职工作忙的时候就在社群组织架构的休息区,不忙的时候就在组织架构的高速运转区,这样就能让成员有一个回旋的余地,而不是一忙起来就只能选择离开。

例如,BetterMe大本营社群就建立了有弹性的组织架构,整体上可以分为3个部分,即CPU、咖啡厅、实习区。一般核心成员都在CPU里,但是如果核心成员在现实生活中有段时间特别忙,就可以申请到咖啡厅休息一段时间,等忙过了这一阵再申请调回CPU,这样既保证了社群持续有节奏地运转,也让暂时没时间投入社群工作的核心团队成员能有退路。

4. 建立紧密的情感联系

社群核心团队成员经常在一起,彼此熟悉后知道对方的生日,鼓励大家互相通过网络祝福、发红包等方式,逐步建立社群核心成员的情感联系。另外当社群核心成员遇到困难时,要及时发现,私下沟通,发动社群资源帮助其解决困难,有些事情你一个人面对是困境,但是一群人和你一起面对就有很多新的解决办法了。

如在秋叶PPT团队中,如果有核心社群成员在毕业求职上遇到困难,那么秋叶老师就会尽量为他们寻找内推机会,为他们联系可能的企业,或者在企业咨询社群成员能力时提供详细的推荐,所有的情感连接都建立在关注对方真正的关切点之上。

5. 及时清理团队成员

管理者必须给予社群核心成员足够的信任和尊重,只有这样才能真正调动核心人员发挥自己的主观能动性,增强在社群的参与感。但是对于加入社群后开始表现积极,但是并没有真正认同社群核心价值观的人,或者加入社群更多是为谋取个人名利,链接个人需求的人,要及时清理,因为留下一个不同频的人,就是伤害大部分志同道合的人,及时清理不同频的人,把内部矛盾从源头上肃清,使社群保持一致的价值观,反而能提高团队的含金量。

但是一些成员被清理出群后,会因为自身的负面情绪而在外面散布一些谣言,以自己曾经是社群内部人员的身份发布一些不实信息,这可能会一时迷惑一些旁观者,但无伤大雅。因为总的来看,这样的谣言的存在反而会刺激社群内部核心成员的凝聚力,把工作做得更好,核心团队要用好的工作进行反击,而不是用言论去回击情绪。

6. 构建科学的回报机制

核心成员作为社群的一员,希望从社团中寻求一定回报,因此要为社群的核心成员制定一个清晰的未来发展规划,让他们不断有机会去学习,进行自我提升,能让其获得技能、专业知识和管理能力等方面的提升。

社群成立初期,需要通过提高成就感的方式留住核心成员,精神上的回报要高于物质回报,要让核心人员觉得自己的存在是有必要的,他所做的事情是有价值的,而且在组织里能够找到自己的定位,产生归属感。

社团运营比较成熟后,核心成员开始深度参与社群运营,他们会见证社群的成长,这时候社群对于他们来说就不仅仅是一个平台,更像是互相陪伴的朋友和自己完成的作品。只要建立了深厚感情,就不会轻易割舍,他们对社群会付出情感。

7. 提升社群的品牌影响力

想要获得持续发展,社群就必须创设并不断提升自身平台的品牌影响力,这样会自然而然地留住社群的核心成员,因为离开该平台反而会使他们失去一些发展和连接的机会。努力运营好社群,不断让社群可以连接更高能量的资源和平台,反而能让核心团队成员慎重考虑自己每一次的决定,从而保持社群健康发展的节奏。

成长的团队会使成员更想留下,在一个成长的团队中,成员也会不断成长。一些社群中会集聚一大群人才,每个人都各有所长,每个人每天都在逐渐变强大,连在里面潜水都能学到很多东西,核心成员们就会很珍惜留在里面的机会。

第三节　社群营销的实现途径

一、社群营销的注意事项

（一）制定整体性规划

社群营销相对来说，是一个具有完整性的系统，从前期进行的市场调查、产品选择，到中期的具体方案策划、活动开展，再到后期的跟踪反馈、修正改善，所进行的每一步都需要企业或商家提前进行一个全面、系统的规划。如果毫无计划性，那么社群营销就很难取得好的效果。

（二）做到持之以恒

通常来看，许多企业和商家在做社群营销时总是过于的急功近利，迫切追求达到一种轰动效应，希望能够"一口吃成个大胖子"。虽然社群营销在快速启动局部市场方面的确具备一定的优势，但是这并不意味着仅仅通过举办一次活动，几篇引流的文案，几天的推广就一定能够取得较为显著的成效。

其实，进行社群营销的门槛是相对较低的，但是，由于它的营销手法简单直接，所以从一定程度上来说，很容易被竞争对手模仿跟进。如果只是将社群营销作为一种短期行为，"打一枪换一个地方"，没能坚持到培养起消费者的品牌忠诚度前就放弃，市场就会很快被竞争对手侵蚀，最终前功尽弃。

（三）明确社群营销推广的目的性

在正式开展社群营销之前，必须要先建立一个非常明确的目标，确定开展这次活动的具体目的仅仅是为了做宣传推广，使知名度得到一定的提高,还是要使销售额得到一个直接的提升,或者是两者兼顾。这些都是要提前进行设想和明确规划的。只有对最终的目的性进行明确,才能合理制订相关具有针对性的活动方案,让活动的计划执行顺利,让活动的执行过程变得"有的放矢",使社群营销的效果得到最大化。

（四）明确产品及企业的特性

通常而言,有些产品在做社群营销时能够立即取得立竿见影的效果,销量飞速地提升,而有些产品却看的人多买的人少,销量停滞不前。之所以能够造成这种差别,可能不是营销活动的优劣或者组织人员的能力水平,而归根到底是产品的特性所决定的。

所以,根据产品自身具有的特性,企业和商家在进行社群营销时,需要做出全面的判断,不能仅从现场销量就判断活动的有效性,还要结合产品的特性。销量高,并不代表活动方案完美无缺,销量低,也不代表活动完全没有效果。

（五）切忌单打独斗

互联网时代,跨界已经不再是一个崭新的名词,比如锤子手机的成功就是一个很好的证明。所以,企业在进行开展具体的社群营销时,也要有确切的跨界思维。那些认为只要建立一个类型的社群,然后笼络住这部分用户,就可以获得社群营销成果的人想法过于简单。

对于企业而言,只依赖一个大社群,那么很难获得长期的营销成果,因为在这个多元化的互联网世界中,社群也应该是具有多元化的。虽然互联网社群是以价值观聚合而成的,但是社群与社群之间并非一种封闭性的存在,而是一个相互融合的状态。

因此,如果一个企业不进行跨界合作,不懂得社群之间的相互通融,仅仅靠单打独斗是很难长久生存下去的。企业不仅要注重社群之间的相互融合,与不同社群之间的合作也是有很大必要的。

二、社群营销的具体步骤

（一）定位

1.目标客户定位

社群营销需要做好目标客户的定位,需要进行一一的分析。并不是从每一个客户那里都能够赚钱,仔细分析目前的客户,可以发现很多客户是不赚钱的,而且还会伴随一定的麻烦,所以第一个关键就是要选对有购买力、有消费需求的客户,定制好客户标准。

2.主打产品定位

很多公司都希望把自己的每一个产品推广到极致,但是,处于移动互联网的时代,这种做法只会加速失败的进程。一个主要的原因在于目前很多产品存在同质化过于严重的问题,消费者不知道我们的产品究竟具有什么特色。

这就需要针对一个产品进行主推,把这个主推产品打造到一种极致,做到让用户刮目相看。传统的大而全的产品推广方式已经难以适应当下的情形,就像诺基亚的手机品牌非常多,但是最终被苹果公司的一款机型打败了。

（二）运营

1.学会先付出

进行社群运营,就要学会先付出。任何一个人决定购买产品的时候,都只是一个具体的行为,而在行为背后一定是有一个情感做具体支撑的,我们需要找到这个具体的支撑点,围绕这个支撑点找到一种我们可以为顾客免费提供服务的机会,通过免费降低顾客与我们接触的成本,进一步提高我们与顾客之间的信任度,增进与顾客之间紧密的联系,这样一来,就不再是一种传统的生硬销售。

2. 互动

传统的销售,过于单一,没有贴心的服务,这样只会让顾客感觉自己和企业心里的距离都很遥远,不够贴心,而造成这个情况的主要原因是没有正确的沟通方式,但是移动互联网时代下,手机、微信、QQ、微博等可以让我们直接面对终端客户,不断听取来自他们的意见,让顾客感觉到企业不再离自己很遥远。

(三)推广

进行推广的时候要找到适合自己的推广渠道。

"社群营销"最终要的就是通过社交媒体进行具体的营销。目前,通常的社交媒体就是微信、微博、QQ 等。这些渠道每一种都有自己的特点。

通常来讲,我们就是通过这些渠道不断分享对目标客户有帮助的知识加上频繁的互动,不断加强我们与目标客户的联系,了解客户的实际需求,最终实现销售。

三、社群营销的方法

(一)意见领袖是基本动力

社群不同于粉丝经济,过度的依赖个人,但是它依旧需要一个意见领袖对其进行相关引导,而且这个领袖不能随便找人充当,必须是某一领域的专家或者权威人士,这样才能进一步推动社群成员之间的互动、交流,进而树立起社群成员对企业的信任感,从而传递有用的价值。

(二)优质的产品是关键

无论是处在工业时代,还是在移动互联网的时代,产品都是销售的一个核心所在。如今,企业做社群营销的关键依旧是围绕产品进行,如果没有一个有创意、有卖点的产品,那么再好的营销策略也得不到消费者的青睐。

(三)提供优质的服务

企业通过进行社群营销,可以在一定程度上提供实体产品或某种具体的服务,从而满足社群个体的具体需求。

提供服务是社群中一种最普遍的行为,比如得到某种服务、进入某个群得到某位专家提供的咨询服务、招收会员等,能够吸引不少人群的注意力。

(四)选对开展方式

社群营销的开展方式并不是单一的,而是多种多样的。比如,企业自己通过建立社群,做好线上、线下的交流活动;与目标客户进行合作,支持或赞助社群进行活动;与部分社群领袖合作开展一些相关的活动。

总之,企业必须在开展社群营销方面多下功夫,才能达到良好的社群营销效果。

(五)宣传到位

一旦具有好的产品,接下来就要看企业以什么样的方式来展现出来,这显得尤为重要。

在这个移动互联网时代,社群营销可谓是一种再好不过的选择了,这种社群成员之间的口碑传播,就像一条锁链一样,环环相套,有着较强的信任感,比较容易扩散且能量巨大。只要社群的宣传有成效,会为企业带来可观的利润收益。

四、社群营销常用的营销技巧

（一）情感营销

情感营销,主要指将消费者个人的情感差异和需求作为营销的具体核心,通过情感广告、情感口碑、情感包装、情感促销、情感设计等策略进行营销,从而激起消费者的情感需求,进一步诱导消费者心灵上的共鸣,寓情感于营销之中,最终实现企业的经营目标。

采用情感营销之所以有效,首先是因为对于消费者而言,很多时候,消费者购买商品时所看重的并不是数量多少、质量好坏以及价钱高低,而是为了得到一种心理上的认同和感情上的满足;其次,则是因为相比于不断以各种说服教育、比较强硬地催促用户购买产品来说,情感营销是用更加温柔的情感,更加细腻的言语,使用户主动要求购买产品。

此外,通过情感营销,获得的消费用户,往往都是有效的用户,甚至可能是铁杆粉丝,这些用户一般与社群的黏性比较强,更容易产生反复购买的行为,因此,在提高消费量方面更加有效。

要想使情感营销能够成功进行,就需要用户对于社群的价值观有明确的认可,或者迎合一部分用户的价值观,如文化、个性化、品位、笑点、痛点等。具体如下。

1.文化

用情感进行营销就需要对文化适当地借助,而文化主要源于情感。随着消费观念的不断变化和消费水平的逐步提高,人们购买商品不单为了满足生活的基本需求,还需要获得精神上的享受,对产品的需要不仅停留在功能多、结实耐用上,更需求消费的档次和品位,要求产品能给人以美感和遐想,即"文化味"要浓,最好能集实用、装饰、情感、艺术、欣赏于一体。这就进一步要求商品应该拥有精神内涵和文化底蕴,归根结底就是要求商品要有一定的情感因素在其中,从而进一步刺激消费者的购买欲望。

例如,杜康酒因为"杜康"而闻名。杜康相传是黄帝的一位大臣,因为善于酿酒,号称"酒祖"。杜康的大名对于中国用户来说,相对比较容易形成品牌效应,信任杜康酒,甚至认为杜康酒应该会"名不虚传"。并且,杜康所带来的丰饶的文化底蕴,也具有十分丰富的宣传价值。

2. 个性化

一件产品有时候除了能够给人们提供一种物质利益,还能充分满足心理需求的精神利益。精神利益可以使消费者找到感情的寄托、心灵的归宿,用当代人最流行的一句话来说,可以叫作"花钱买感觉"。对于以80后、90后为主流的消费者群体来说,个性化往往是一个重要的消费因素,人们更多时候会因为彰显个性而去消费。

例如,万宝路就曾以美国西部牛仔作为其个性的表现形象,以充满原始西部风情的画面衬托着矫健的奔马、粗犷的牛仔,充分地突出了男子汉放荡不羁、坚韧不拔的性格而尽显硬汉本色。其中,正好反映了人们一种厌倦紧张忙碌、枯燥乏味的都市生活,希望能达到对世俗尘嚣的某种排遣和解脱,怀念并试图获取那种无拘无束、自由自在的情感补偿。

3. 时尚和浪漫

时尚与浪漫这两者永远不缺少追随者。例如,当人们走进肯德基、麦当劳的时候,也许觉得它本身的味道并不怎么样,或者价格太贵,但是即便如此也没有拒绝肯德基、麦当劳。那是因为,肯德基和麦当劳作为一种时髦的消费地点,使人们从中得到的更多的是来自心理上的满足。

无论是哪个时代,都会有一部分人站在时尚的最前列,引领时尚的风向标,并且他们自身具有很强的感染力和传播力。这部分人利用对于文化及社会风俗的新潮流具有敏锐的感知能力和接受能力,吸引追求时尚的人跟随其中,从而形成一种消费潮流。

例如,世界著名十大香水品牌之一的 Poison(毒药)由法国克里斯汀迪奥公司于 1985 年推出。对于有猎奇心理的新潮女性来说,这个神秘、脱俗,甚至有点吓人的名字本身就带有着一种无穷的诱惑力。另外,该公司的另一品牌香水 Dune(沙丘),与沙丘相关联的瞬间、回忆、梦等便会吸引众多浪漫多情的女士和男士,如图 5-1 所示。

图 5-1　Dune(沙丘)

4.品位和艺术

一般而言,品位和艺术总会意味着具体的格调与阶级。知乎曾有一个想要成为贵族的必备条件的问题,一位知乎网友给出的答案比较好:在一代又一代高品质的生活中产生的一种高品位和艺术敏感度,往往是贵族的必备条件之一。用户在进一步消费产品的时候,有时往往不只是产品本身,还在于其所具有的一种品位、情调和艺术性,这些看似无形,但在有些情况下,很可能就是一种无价之宝。

如瑞典"纯粹伏特加"最初曾因价格过于昂贵、造型非常丑陋、斟酒费劲、没有品位等原因强烈引起美国消费者的反感,销路不是很顺畅。后来,经过商家在品位上大做文章,从感性上寻求一定的突破,不惜重金聘请了优秀的摄影师、画家在酒瓶上创立了一幅富有感染力、诱惑力和审美价值的印刷广告,通过质朴的画面、精湛的艺术,塑造了一个自信、神秘、高雅、智慧的品牌形象,赋予消费者一种自信、自如、高雅的感觉。这样不仅使该酒的品位和艺术形象得到了有效的提高,还使之成为美国消费者借以显示身份和地位的一种名酒,在很大程度上满足了那些追求品位的高消费者的情感需求。

5. 人性化

收获人心,才是最好的营销方式。情感营销以人性化的方式展开,就是指紧贴用户的日常需求,充分满足或者便利用户的生活需要,让用户即使身处寒风凛冽的冬天,也会觉得暖意洋洋。

例如,伊利与网易合作推出了"热杯牛奶,温暖你爱的人"主题活动,旨在借助暖意,打通寒冷的冬日。活动以 H5 形式,主打温暖视觉及手掌互动,开屏画面即呈现布满哈气的窗玻璃,就像冬日里在窗上涂鸦一样。只要用户擦擦屏幕,暖心文字就会浮现出来,立刻营造温暖氛围。

6. 特殊事件

特殊事件,主要指代的是一种具有深刻的社会影响力,并受到社会广泛关注和跟踪的一些具体热点事件。这些事件,往往针对人们心中的笑点、泪点、痛点等进行激发,从而引起情感层面的波动。情感营销经常会使用到的特殊事件有社会事件、历史事件、节日等。

情感是一种极其微妙的东西,如果社群想要通过情感诉求去打动消费者的心,那么首先就得了解当前消费者最关注的点,掌握什么容易触动消费者的心弦。在此基础上,结合新闻、热点、引人注目的社会动态等进行情感的诉求,这样会比较容易引起消费者的注意和感情触动。

（二）奖励营销

奖励营销,具体是指在用户接受营销信息的同时还可以获得相应的奖励。通常包括购物奖励、推荐奖励及将营销信息附加在赠品上的营销方式等。

1. 购物奖励

购物奖励指在购买产品的同时,可以有机会获得一些额外的奖励。例如,一款火热的游戏《地下城与勇士》(DNF)官网就推出了相应的幸运购物活动,玩家只要在商城里购买任意一种道具,就可以在购买成功的弹窗里获得相应幸运购物活动的抽奖机会,这种奖励比较实用,如无期限普通、高级、稀有装扮兑换券。

2. 推荐奖励

推荐奖励,通常是指在推荐其他用户进行参与活动的同时,自身还可以获得一定量的提成。这种奖励方式,比较常用于一些投资、金融理财方面。如积金汇采取推荐提成活动,推荐好友投资,即可获得好友投资的提成,享有两级高收益提成,另外可获得一级客户投资收益的10%和二级客户投资收益的2%作为提成;成功推荐有效投资用户,按照推荐人数奖励现金,具体如图5-2所示。

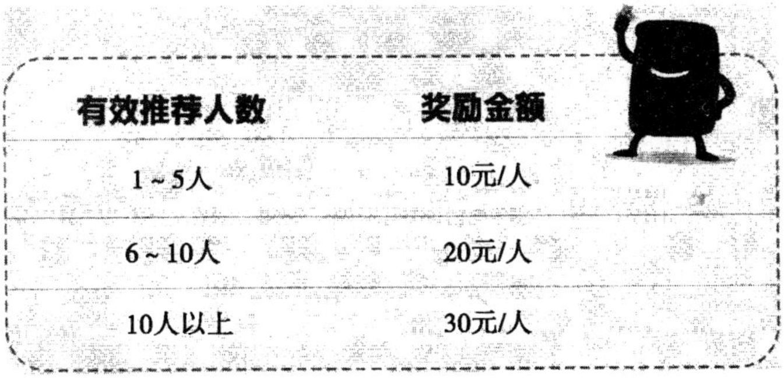

有效推荐人数	奖励金额
1~5人	10元/人
6~10人	20元/人
10人以上	30元/人

图 5-2　推荐奖励

3. 将营销信息附加在赠品上

将营销信息附加在赠品上的这种营销方式,其中最典型的就是手机流量奖励营销,即向用户赠送手机流量的同时,附着上想要宣传的产品信息。如凯迪拉克就通过利用流量对新款凯迪拉克 ATS-L 进行宣传。客户只要登录到凯迪拉克天猫旗舰店,预订新款 ATS-L 28T,填写相关信息并预付定金,那么前 100 名前往指定 4S 店完成购车合同签订的客户,即可获赠 1 亿 kB 免费安吉星 4G LTE(车载移动网络系统,类似于 Wi-Fi)流量。

与购物奖励相比较而言,将营销信息附加在赠品上的营销方式,更具有一定的优越性。"购物奖励"一般都需要面临范围较小、传播有限、奖励众口难调的局限性。而将营销信息附加在赠品上的营销方式则不同,它的覆盖面相对较广,活动周期也比较长,并且手机流量一般都是大众需要的东西,因此,不会出现有众口难调的相关问题。

（三）内容营销

内容营销主要在于打造内容性的产品,让产品成为社交的具体诱因。一般来说,内容营销从产品端开始就要做足功夫,最大程度为产品注入"内容基因",打造全新的"内容性产品",从而形成一种自营销模式,使产品具有独特的风格。

通常来看,"内容性产品"主要包括有以下三个明显的特点,分别是:一是赋予目标用户一种较为强烈的身份标签,使他们在一定程度上具有社群归属感和认同感;二是用户在进一步选择购买该产品时,已经产生了某种情绪共鸣,能够理解并且接受产品自带的相关内容;三是当内容植入产品,产品成为一种实体化的社交工具。当用户使用该社交工具时,首先会和产品产生最直接的第一次互动,然后会与同样适用该产品的用户,碰撞出各种故事。

1. 好内容应该是具有一定的相关性的，要与特定群体的具体需要和期望具有高度的关联性

如 Nike 跑步广告片——Last,向最后一名马拉松运动员致敬。该广告的视频主要是以马拉松为主题,大致讲述了这样一个场景:一场马拉松比赛即将结束的时候,工作人员已经开始清理现场,但是,仍有一个参赛的女孩,虽然落在了最后,但是没有放弃,仍在坚持跑步。

2. 内容应被易于进行阅读和理解

用户看社群的相关宣传视频、文字、海报，并不是为了做脑筋急转弯，去反衬社群运营者的聪明。用户之所以愿意花时间去看的一个前提，是该内容易于进行阅读，能够在短时间内抓住主题和重点。因此，好的内容应该有着明确的主题、并且内容通俗易懂。

当然，进行明确指导的前提就是为了能够为相应的产品做一定程度的宣传。

3. 视觉上能够吸引人的内容，能够在第一时间内得到来自用户的关注

网络空间具有的灵活性，促使营销者们在视觉上也是煞费苦心。如通过采用富有一定冲击力的图像。号称视觉营销利器的 Cinemagraph，或许可以为内容营销增添一定的光彩。Cinemagraph 是介于视频和图像之间的一种新形态 GIF 图片，它可以将数张静态画面组合在一起成为一张 GIF 的动态画面，除了局部能够进行持续变化之外，图像的其余部分都是一个静止的状态。它可以向观者展示静止时空的魔法，能够让凝固的画面与变动的画面进行交相呼应，从而突出想表达和表现的主题。

再有就是以丰富的表情符号，进一步来带给用户一种视觉冲击力。如 Emoji 表情。荷兰宜家出品的一套 IKEA Emoji 比较有特色，如图 5-3 所示，一是洞察一些家常话。IKEA Emoji 是一个比日常语言更加能进行传递爱与理解的语言工具，能减少伴侣之间的言语摩擦；二是这款宜家出品的 Emoji，有一系列大家耳熟能详的宜家产品，例如宜家餐厅的瑞典肉丸，从而很巧妙地运用表情实现营销。

图 5-3　IKEA Emoji

4.好内容具有一种良好的互动性,从而成为一种与用户的真实对话

内容营销绝对不是一种单向的内容灌输,而应该是双向的互动交流,从而成为一种与用户的真实对话。例如 GE 的"Emoji 科学实验"就是 GE 号召粉丝们在 Snapchat 上发送一个自己最喜欢的 Emoji,GE 用科学实验的方式,将该 Emoji 生动的演绎出来,并制作成短视频送给粉丝。例如一个粉丝最喜欢"心碎"的 Emoji,GE 就发给他以下实验:在圆柱形玻璃瓶中放置小苏打和醋酸溶液,并在瓶口处套一个爱心型气球,不停摇晃瓶身,小苏打和醋酸溶液发生化学反应后,产生的二氧化碳气体越来越多,让爱心气球膨胀,最后爆炸了。

第六章　内容营销

随着网络时代的到来,内容营销成为企业开展营销活动的重要选择。内容营销可以帮助企业充分利用各种社会资源,通过内容分享的方式为企业带来成功的营销体验。当今,内容营销已经席卷了各行各业,并为很多企业带来了不错的利益。

第一节　内容营销的特点和意义

内容营销这一概念常常引起误解,一方面由于其表现形式与广告、公关软文等高度相似:均通过文字内容、图片内容或音频、视频内容来承载企业意图,因此常被曲解为传播手段的一种;另一方面"内容"可能被混淆等同于所有有"内容"发布的营销活动,如社会化媒体营销。内容营销概念产生于互联网和各种信息技术比较发达的时代,它与广告或其他营销相似但又有所不同,它们互为补充,各自从不同的角度实现企业的营销目标。内容营销是数字营销战略的重要实施手段。内容是企业在数字营销时代进行客户获取、争夺和维护的重要手段。在产品进入客户的脑海之前,优质的内容就已经渗透进顾客所处的各种关系圈中,已经在各种数字化媒体上进行了具有趣味性和个性魅力的展示。

一、内容营销的特点

美国内容营销协会对内容营销的下的定义为:"内容营销是基于对具有明确界定的目标受众的理解,有针对性地创建并发布与目标受众相关且有价值的内容,以此吸引、获得这些受众,并促使他们产生实际购买行为,为企业创造收入的全部过程。"由此可以看出,内容营销与其他营销方式在内容、时间、目的及渠道方面均存在本质区别。内容营销的主要特征如下。

（一）连续性与持续性

从内容营销的定义可以看出,它不是一个单次开展的市场活动,而是由企业各项相关业务活动前后紧密衔接组成的。内容营销是一个过程,贯穿了吸引消费者到消费者产生实际购买行为的整个过程,因此内容营销具有连续性、持续性和长期性的显著特征。由此可以看出,内容营销与广告、公关活动或单次宣传活动等存在本质区别。在实践过程中,纯粹的顾客内容会配合推广性产品广告、公关或宣传活动等展开,强调的是活动主题的凸显。

（二）相关性与价值性

内容营销并不是大众营销,它具有很强的针对性,是针对具有清晰界定并且被企业所充分理解的客户而开展的一项营销活动。由此可见,客户是引导内容设计的主体,企业在制定内容营销的内容时要充分考虑目标客户的兴趣爱好和实际需求,按照客户实际需求设计内容,广告、软文等推广方式并不具有这样的相关性。如企业在针对目标客户开展内容营销时,可以针对购买过程中的需求提供可分享的内容或答案。如企业对空气净化器开展内容营销,最初只会发布一些具有知识内容的帖子,使客户从中了解空气污染及防范的相关知识;当客户对空气净化器有购买需求时,企业可以将不同的空气净化器的原理、性能等进行对比说明,在此基础上着重强调本企业产品的优势方面;之后客户可能对空气净化器产生实际的购买愿望,但是希望获得来自其他使用者的用户体验意见,这时企业就应该为其推送其他用户的使用实例,了解本款产品具有的口碑、售后服务的优势等内容,经过这一系列的跟进式内容营销,促使客户产生实际购买行为。根据客户类型的不同,其购买旅程和关注的重点内容也会有所区别,因此,针对不同类型的客户有时需要设计不同的内容系列。企业在开展内容营销时,前期可以结合消费者画像进行分析,以此为之后的内容设计提供参考。

（三）目的指向性

企业开展内容营销主要是为了吸引客户进行购买,最终目的是促进企业利润的提高。在社会化媒体上,企业有时为了吸引眼球会转发一些与企业业务不相关的热点内容,但内容营销的内容设计应该通过理性规划,保证每一篇内容具有实际价值。虽然内容营销具有很强的目的指向性,但其仍然属于一种柔性营销方式,并没有广告那样目的外显,有时具有比软文还强的隐蔽性。成功的内容营销可以在无声无息之间引导客户发生购买行为,而这都基于企业对目标客户的充分了解,从而制定了具有针对性的营销内容。从目的的角度出发,内容营销具有很强的友好性、趣味性和价值性,可以促使品牌和产品有机融入营销内容中,这样可以更容易被消费者接受,内容营销在实现品牌传播目的的同时,可以在消费者中保持很好的接受度和传播度。

（四）需要打造自有媒体资产

鉴于内容营销的内容特征和持续性特点,通常内容营销会在自有媒体上发布内容,而不是像广告类的传播内容那样在付费媒体上发布内容。因此,企业开展内容营销,就要重视对自有媒体的经营。自媒体可以在很大程度上降低企业的营销成本,同时在线评论、留言和反馈的功能可以帮助企业更及时、精准地了解客户对内容的反应,还可以加强与客户之间的沟通交流,这些都是内容营销的优势所在。从这个角度来看,使用自媒体开展内容营销可以有效提升投资回报率,并刻意增加客户黏性。

内容营销是企业建立品牌社群的重要基础,是加强客户关系的黏合剂,只有创建优质的内容才可以推动品牌社群的建立。在传统营销环境中,营销对内容的需要相对简单,如企业能力、产品优势、服务能力等,可以看出这些内容都是围绕企业自身的状况而展开的。而在数字时代,消费者对购物体验提出更多要求,内容不再围绕企业而是围绕消费者展开。消费者当前产生购买行为所需要和产生的内容比以前多很多,因此,企业必须开展个性化营销、了解客户实际需要,进而为消费者提供服务。

二、内容营销的意义

内容逐渐成为网络时代营销的核心,它对于市场营销人员日益增长的重要性体现在人们越来越关注内容营销这门新兴学科上。

Econsultancy 公司针对内容营销展开研究,研究结果显示,大部分市场营销人员和商务专业人士指出,内容营销是他们在未来一段时期内开展营销活动的首要任务。近年来,内容营销的重要性越来越被社会所认可,越来越多的企业和营销人员开始重视开展内容营销,并将其作为年度首要任务。

Econsultancy 公司在世界范围内针对一千多名市场专业人员开展调查,根据调查结果,他们得出这样一个结论:内容营销日益被视为一门独立的学科。在接受调查的市场专业人员中,90%的人表示内容营销会在今后一段时间内变得更加重要,还有大部分人认为品牌正在向出版商转变。

Econsultancy 在 2017 年发布调查报告显示,内容营销保持健康增长。计划提高内容营销预算的营销人员增长了 55%。Econsultancy 社交媒体经理 David Moth 指出,内容营销已经成为亚洲的一个主要趋势。Moth 表示,虽然亚洲一些地区的互联网普及率还比较低,国家范围内的差距较大,但是像中国、新加坡、日本等国家的手机普及率非常高,移动手机逐渐成为人们必不可少的一项工具。基于这种情况来看,营销人员需要考虑如何通过移动渠道传播内容。

随着内容营销越来越受到重视,其在更广泛的市场营销组合中占据越来越重要的地位,这就需要企业开展内容营销时满足一些全新的要求。一方面,企业要充分考虑并优化品牌内容所需要的资源;另一方面,企业还需要提高市场营销技能、优化市场营销流程。具体来说,企业要合并更多以编辑内容驱动的工作流程,优化分销渠道,充分利用各种平台资源。企业在制定分销渠道策略的过程中,需要充分考虑公共关系、搜索引擎优化和社交媒体策略等各种要素。企业开展内容营销,必须有机整合自有媒体、付费媒体和赢得媒体渠道,或者充分利用单重媒体渠道之间的间隙所产生的机会。

第二节　内容营销的实施要点和步骤

一、内容营销的实施要点

(一)明确的内容营销策略规划文件

开展内容营销,企业最基础的工作就是制定营销规划,而这恰恰是很多企业忽视的工作。很多企业并不是在制定好清晰的规划文件的基础上,才开展具体的内容营销的,而这很容易导致内容营销的具体工作不能在统一的目标、统一的主题下展开。因此,企业进行内容营销的一项基础工作,也是重要工作就是明确策略规划。

(二)像媒体公司一样运作内容营销

内容是企业为客户创造的另一种无形“产品”。社群商业逐渐成为主流市场竞争手段,内容不再只是促成购买行为的单纯市场手段,而是企业为客户提供的一种重要价值。内容是企业另一种形式的"产品",与企业的产品和服务一样。内容包含客户在与有形产品相关的工作中遇到的各种信息需求,同时包含客户在社会生活中更好利用产品的各种信息。当客户得到自己需要的信息后,就会积极主动地关联内容与企业,并且这种关联会随着时间的推移越来越牢固。

(三)保持内容与营销战略、公司战略的一致性

成功内容营销的实施,必须保证内容营销的目的与企业销售和品牌活动保持一致。内容的目的是促成消费者的购买行为,必须明确它在销售中的实际作用,尤其需要明确如何通过各种网络平台实现其销售目的。前面已经提到,内容本身就是企业为客户提供的重要价值,因此必须保证其与公司战略一致,也就是说,应该从内容中体现公司战略。

Ben & Jerry's 是美国领先的冰激凌品牌,在实施针对品牌自社群开展内容营销时,经过了系统的内容规划,保证其内容与公司核心价值保持高度一致,从而通过内容营销体现了 Ben & Jerry's 的品牌价值。该公司的品牌价值主要有三个方面内容:承诺为消费者提供最高质量的纯天然冰激凌;承诺通过可持续的利润增长回报股东并为企业员工创造更美好的未来;承诺通过商业创新的方式提高社区生活质量、推动社会进步。从中可以看出,Ben & Jerry's 强调自己是社区的一分子,重视建立与消费者、社区之间的良好精神共享关系。Ben & Jerry's 希望通过传播其品牌价值,得到人们的普遍认可和尊重。以公司的品牌价值为基础,Ben & Jerry's 围绕冰淇淋口味、有趣的事物、品牌粉丝以及社会价值观组织内容。在冰淇淋口味上,强调产品口味的丰富和美味以及纯天然的产品原料,以此呼应企业品牌价值中的承诺;在品牌粉丝上,向人们展示顾客消费其产品的各种场景和享受美味冰淇淋的状态,这也体现了品牌价值观对顾客做出的承诺;在有趣的事物上,强调与其产品相关的各种创意活动;在社

会价值观上,强调该品牌致力于改善社区生活质量和生存环境,
该品牌坚持回馈社会、雇用深色人种、关注弱势群体、支持反战
等。Ben & Jerry's 在社交媒体上发布这些内容受到人们的广泛
支持,产生了很大的转发量,并且有一些品牌粉丝主动参与品牌
相关作品创作,在社交网络上上传在各种场合拿着该品牌冰激凌
的照片(图 6-1),在社会上得到了很好的反响,也为公司带来了
可观的营销效果。

　　同时,内容是关于客户的。当今的数字时代面临着信息爆炸
的现实,客户在学习、工作和生活中,无时无刻不被信息包围。由
此可以看出,企业应该充分考虑客户需求,并以其实际需求为基
础进行资源投资,与客户一起创造具有客户使用价值、具有社会
化传播价值的内容。现在的消费者与过去相比有很大不同,他们
有多种多样的个性化需求,并且具有强大的个人信息选择权,因
此,企业仅靠撰写软文、发布动态这类手段很容易被市场销售浪
潮所吞没。由此也可以看出,内容营销在当前这个时代起到的重
要作用。

图 6-1　Ben & Jerry's 粉丝在社交网络分享的照片

二、内容营销的主要步骤

（一）明确商务目标

做任何一件事之前需要明确目标,对于内容营销来说也是如此,企业首先需要做的就是明确自己最终想要取得什么样的效果,也就是明确营销目标。企业需要充分掌握自身所处的位置,以及希望将来达到的位置。也就是说,企业需要明确希望通过内容营销带来哪些变化。

为了更好地开展内容营销,会利用一些简单高效的测试及测试工具,通过它们可以科学有序地展开内容营销。

企业应该在充分考虑自身实际情况的基础上,确定企业将来想要达到的规模,记录下企业目标。企业目标主要包括以下内容:一是实现更多企业互动;二是使企业更具知名度;三是从网络获取更多的集客式 leads;四是实现更高质量的销售 leads;五是获得更多良好的推荐机会;六是获得更多积极的公关机遇;七是获得更多适时的招聘机会;八是获得更满意更快乐的客户;九是获得更优秀更快乐的员工;十是打造更优秀的企业。

（二）明确讨论的内容

开展内容营销,首先需要明确企业开展内容营销要讨论的内容。这里所说的需要讨论的内容,是指那些与企业有关,且具有客户价值的内容。

营销者应该积极思考和研究,确定企业提供的产品或服务范围,明确客户可以接受服务的利基范围。明确目标客户群体中的高利益群体,该群体是基于共同需求、偏好和关注形成的。一些规模较小、业务范围集中的企业,有时会与某个群体相关,但大多时候会与多个群体有关。

企业需要整理并充分利用获得的信息,以此为基础建立目标群体的详细客户档案或者"消费者脚本",这样可以使营销人员在对客户类型有直观了解的基础上开展内容营销,即可以更有针对性地为客户设计信息和内容。

企业需要认真研究每个目标群体,在此基础上完成企业目标。企业需要明确自己可以做的事情,之后与目标群体中的真正客户及潜在客户会谈,充分听取他们的意见与需求。分析从客户那里获得的反馈意见,可以帮助企业从虚构情节中走出来,想要在现实中开展有效的内容营销就必须重视客户反馈。应该询问客户面临的问题、希望达到的目标以及自己可以提供的帮助。之后用客户的语言对这些内容进行明确的表述。问问他们面临哪些挑战,要达到哪些目标,以及自己可以为他们解决哪些问题。然后站在客户角度,用他们的话,而不是自己的话,描述出来。

以下以一家网站设计企业为例,说明如何根据客户反馈设计有效的消费者脚本,该公司得到的反馈如表6-1所示。

表6-1 网站设计公司的客户反馈总结

企业服务	目标群体	客户问题	企业提供的答案
为专业服务企业提供网页设计服务	高级合伙人	全新的网站是否能为自己带来实际的商务利润	案例研究:新的网站是如何帮助企业提升利润的
	企业经理人	如何寻找正确的代理机构帮助自己建设网站	核对项目:向一个专业的网站设计机构提一些必要的问题
	企业经理人	新的网站通过什么方式提升企业利润	博客:利用经常谈论的价值内容进行营销的20个方法

其一,消费者脚本1:高级合伙人。

詹姆斯(50岁)是一家员工总数为50人的法律企业的合伙人。他最担心的是企业能否跟上不断变化的市场的脚步,并且他非常清醒地认识到特易购等企业对中等规模法律企业的威胁。虽然通过裁员的方法可以为公司减轻一些压力,但不能从根本上解决问题,在其他环节紧缩开支的情况下,投入了大量资金开展营销却没有得到很好的回报。他是一个不使用社交媒体的人,就连他的默认主页都是 BBC 的商务新闻网页。由此可见,这些网站才是他获取最新资讯的最主要途径。

詹姆斯的目标是安全度过即将到来的风暴,并且维持企业当前的状态。同时,詹姆斯十分信任企业的服务质量,他希望有一个符合当前企业资金状况的沟通渠道为其提供帮助。针对他的信息,可以得到以下思路:(1)网站的专业服务区里关于 ROI 的白皮书。(2)企业规模及客户群体相似的法律企业投放在网站及社交媒体上的案例研究视频。(3)在改变客户信任行为及专业企业网络营销等领域受尊重的评论员撰写的文章。

其二,消费者脚本2:营销经理。

萨拉是一家大型会计企业新任的营销经理。她很好地掌握了自己营销团队的情况,她希望开展博客及推特等网络营销,但她的营销方案遭受了来自企业内部的阻力。很多人表示并没有时间,但实际上这是因为他们并没与真正意识到网络营销的实际意义。在巨大的阻力面前,萨拉的热情逐渐被消耗殆尽。她有明确的网络营销计划,但是对寻找时机抱有悲观、疲倦的心态。她正在为自己提出的全新营销策略进行临时性试探。

萨拉的目标是证明自己的价值,在新的岗位上取得成功,见证她的营销理念带来的前所未有的变化。针对以上萨拉的信息,可以得到以下思路:(1)说明会计行业需要进行博客营销的原因和方法的电子书。(2)题为"转变潮流——与恐龙共事时应如何转变"的文章。(3)关于利用网络营销开展商业会计服务的视频。

(三)选择合适的营销策略

经过以上步骤后,企业需要选择正确的工具发布这些信息,还需要确定信息的发布时间。企业拥有广泛的内容选择范围及表达形式,可以通过社交媒体、网络研讨会、博客、电子书等方式发布信息。企业在选择发布工具时,应该充分考虑企业及客户的特点,应该选择最适合自己的内容创建方法及发布渠道。虽然对于内容营销来说,真诚的态度有着十分重要的作用,但不可否认的是,选择合适的组合形式可以实现更好的发布效果。

当前有两种比较有效的方法,能够帮助企业开展科学有效的内容营销,企业可以根据自身实际情况选择合适的方法。

1. 从小方面着手开展内容营销

这种内容营销方法比较精简、灵活。从小方面着手可以保证内容从平缓处入手,之后再逐步加深,并且随着内容的不断拓宽,企业自身的自信以及对方法的信任也会有所增长。通过这种由浅到深的方法开展营销,企业在这个过程中传递给客户的价值内容会成为十分珍贵的经验,企业的业务也会出现相当可观的提升。企业应该尽可能地利用每一种工具开展内容营销。

(1)创建并发布内容

一是建立企业的官方博客。二是以企业的名义加入社交媒体。通过一些数据可以衡量企业在这些方面获得的成效。例如,社交媒体的关注用户数量;发布内容的阅读数量、博文的评论数量;获得推荐机会及集客式因子是否增多;销量是否提高。

(2)得到更多人的支持,加强与客户的互动

一是企业可以制作按期发布的"电子期刊",可以是周刊、月刊等,可以按照企业实际情况确定,并邀请客户订阅期刊。二是在博客上尝试各种营销策略。三是积极学习以满足引擎优化的需要。

针对这些方面,也可以通过一定标准衡量效果。例如,通讯期刊的注册名单数量变化;浏览企业通讯期刊的人数变化;企业博文的评论数量变化;分享企业博文的数量变化;企业选择的关键字是否为企业的搜索引擎排名带来了提升;企业是否获得了更多的集客式因子;企业是否获得了更多的推荐;销量是否得到了提高。

(3)深化内容

一是企业需要进一步深化内容。二是采取多样化的表现形

式,充分利用文字、图片、音频、视频等形式。

针对这些方面,通过以下变化可以衡量企业的营销效果:社交媒体的关注者数量变化;下载及分享企业发布内容的人数变化;注册电子期刊的人数变化;获得的推荐数量变化;获得的公关机遇的数量变化;获得的集客式因子数量变化;销量变化。

（4）提高内容影响力

一是在其他网站上撰写和发布文章。二是扩大内容的传播范围。

衡量企业在这方面是否得到了良好的效果,可以从以下方面入手:企业撰写的文章是否被其他具有良好信誉的网站所采购;企业是否获得了更多的公关或演说机会;企业是否获得了更多的支持者、推荐者、注册者、集入式因子及销售额等。

当企业完成了上面这些任务,就基本上建立起了一个由真正的价值内容构成的图书馆,企业客户在其引导下主动靠拢过来,但企业还需要继续进步。企业应该持续深化内容,使内容随着时间的推移能够不断提高价值。只有肯投入,才可以获得相应的回报。

（5）这种营销策略的优势

第一,这是一种具有可行性、低风险的新式营销方法。

第二,在实施的过程中,可以直观地测试并证明该营销方法带来的利益。

第三,随着时间的变化,这种营销方法会带来越来越多的收益和自信。

选择"从小处着手逐步成长"的营销策略,企业必须花费更多的时间和资源,但同时也会使企业获得更稳定的成长。

2. 从大方面着手开展内容营销

和从小方面着手开展内容营销的营销策略相比,这种从大方面着手开展内容营销的策略会更加激进。在这种策略下,企业需要在一开始就根据自己的思路、资源、时间以及成本等进行较大规模的投资,在短期内建立起可以分享的内容图书馆,之后在此基础上进行多向发展。

　　企业如果选择这种营销策略,就需要在最初资料并不充分的情况下,创建一个可以保存的、具有一定深度的内容,促使企业在短时间获得大量支持,呈现短时间内的飞跃。企业可以采取以下手段:一是创建博客、通讯期刊和社交媒体。二是创建有价值的资源下载、指南、研究结果或有价值的视频。三是将相关内容打包上传至可以产生 leads 的价值网站上,经过精心设计后实现兴趣到行动的转化。

　　这种营销策略在一开始就需要进行大量投资,因此需要更多的时间和精力进行计划和实施,但只要企业的价值内容开始正式在网页和社交网站上流通,企业的信誉度和曝光率都会出现显著增长,而由此也会给企业带来十分可观的收益。虽然这种策略要求企业进行大量的前期投资,但是在之后相当长的一个时期内,该策略可以为企业节省很多时间、金钱和精力。只要运作成功,就会为企业在短时间内带来显著的飞跃式发展。创建深度内容的真正好处在于它可以实现多方发展的战略目标。企业可以将深度内容转化为各种不同的形式,从而在不同的渠道中可以反复使用,实际上这是企业对未来的价值投资,可以直接惠及企业客户,因为客户可以自行选择一定方式接受企业提供的内容。

　　在前期,企业在构思和撰写深度内容时,可以进行一定变化并向多个方向延伸,从而可以更好地满足多元化的客户需求。很多获得极大成功的思路都是在这个阶段埋下伏笔的,这样可以促使未来形成优秀的内容,可以为之后的内容营销节省时间。

　　该策略是一个强有力的方法,只要企业真的付出 ,就可以在短期内收获一定成果,也可以提升相关的信誉度。同时,利用这种营销策略可以为企业争取更多新机遇。

　　如 Ascentor 采取这种内容营销策略,第一个月的网络流量就提升了一倍,三个月内该企业网站上收到了很多新的咨询信息。从网站正式启用运行开始,企业与潜在客户进行的有效商务讨论带来了超过 400 000 英镑的收入。随着这种持续增长,企业制定了全新的财政目标,并且随着信息安全咨询业务的增长,Ascentor 还设置了专门岗位招聘专业人才为其处理这方面的问题。

采取"从大处着手多方发展"策略主要有以下几个优势。

第一,可以在短时间内获得一定效果。第二,从最初就为企业带来了极高的信誉度和曝光率。第三,大量价值内容被储存起来可以用于将来的多方发展。

(四)保证网站运行发挥作用

营销策略的正常运行需要有实体网络平台为其提供基础保障,这样才可以防止价值内容无处安放。企业需要思考一些问题,自己的网站与新的营销策略是否匹配;企业是否可以方便地创建或上传新的内容;企业网站是否具备将客户兴趣转化成动力的能力;客户是否能在企业网站上找到需要的价值内容;企业网站是否有能力促进客户接触企业或与保持联系等。

企业需要花费一定时间去重新设计网站。但如果企业掌握了利用内容向多个方向发展的方法,那么在新网站上投资价值内容可以为之后的投资减轻一定压力,这样可以保证在自身能力范围内投资,在完整的营销策略中也无须更多的强制性要求。

(五)制定详细计划

选择任何一种营销策略都是为了建立一个高质量的价值内容资料库,并保证在预定时间内可以发布这些价值内容。因此,企业应该制定详细具体的计划,设计本年度关键内容的主题,明确在这些领域中应该制作哪些不同类型的内容。

如 Ascentor 就制定了详细的价值内容年历,这样的计划有利于企业科学有序地开展工作。价值内容年历如表 6-2 所示。

表 6-2　价值内容年历

季度	月份	活动						
		社交媒体	Linkedle	博客	通讯	案例研究	讨论文件	电子书
1	1	每天	每周 1 ~ 2 次	**				
	2			**			*	
	3			**		*		
2	4	每天	每周 1 ~ 2 次	***	*			
	5			***	*		*	
	6			***	*	*		
3	7	每天	每周 1 ~ 2 次	***	*			
	8			***	*		*	
	9			***	*	*		
4	10	每天	每周 1 ~ 2 次	***	*			
	11			***	*			
	12			***	*	*		*

　　按照价值内容日历制定计划,能够帮助企业及其营销团队更好地遵守成功内容营销的原则。如果企业没有制定科学有效的计划,很可能导致对价值内容的忽略,从而让经营各种社交媒体耗费大部分精力。然而将大部分精力放在博客文章的撰写上,就会在一定程度上压缩制作长篇幅内容的时间。因此,企业十分有必要制定适合自己的内容计划,而在制定计划时需要考虑以下几个问题。

　　一是时间与内容。企业应该逐月制定详细计划,要具体描述价值内容的主题,从而清晰地展示什么内容在真正需要帮助时发挥了实际作用。

　　二是设计主题。企业应该搜索长篇内容,如电子书、白皮书等,确定关注的主题。确定主题可以为企业建立博客搭建一个整体框架。设计好主题,营销团队在撰写文章时就会有整体思路,不会导致文章风格迥异,也不会陷入“应该写什么？”的困局。

三是提前思考。企业在充分思考的前提下提前设计主题，能够充分提高时间利用率。当营销团队撰写文章时，如果经过提前思考，就可以在撰写前有大体思路，节省撰写文章的时间，同时也会在一定程度上降低撰写难度。

四是充分发挥岗位作用。在企业制定完整体计划后，应该交付营销团队，并且让团队中的每个人都准确地知道自己的任务内容，有针对性地完成任务。在这个环节，就可以充分发挥工作日历的作用。实际上，人们在日常工作中是十分忙碌的，因此只有事先做好计划，并辅以辅助措施，才可以保证营销人员有充分的的时间用来写作。

企业可以按照杂志编辑的方式制定内容计划，为本年度选择想要谈论的主题并制作进度表。但需要注意的是，进度是会发生变化的，例如一些突发事件就可能引起改变，比如行业出现热点新闻企业必须迅速做出反应。虽然变化是不可避免的，但计划本身一定可以能起到帮助作用。

（六）组建团队

企业需要投入一定资金来组建专业团队。对于许多企业来说，开展内容营销就要求他们掌握一整套新技能。企业需要进行客户研究、撰写文章、开展内容设计、制作内容视频、运营社交媒体等，而这些对于很多企业来说都是曾经未曾涉及的领域。因此，企业必须组建一支专业队伍并不断提升其技能水平，保证这支队伍可以充分发挥作用，对内部来说具有一定的经济效益，但是企业如果发现仅靠自己完成全部工作存在时间、技术及资源等方面的困难，也可以选择请外援。内部团队和外援同时发挥作用，能够帮助企业更好地开展内容营销。内援与外援的对比如表6-3所示。

表 6-3　价值内容——内援与外援对比

	优点	缺点
利用企业内部资源制作价值内容	（1）成本较低 （2）有质量保证 （3）对重点内容的相关知识了解比较充分	（1）缺乏一定内部技能 （2）花费时间可能较长 （3）难以提出独立观点
利用企业外部资源制作价值内容	（1）将精力集中在重点上，节省时间 （2）具有专业技能 （3）有独立的第三方的观点	（1）成本较高 （2）没有质量保证 （3）需要耗费一定时间专门了解企业的专业内容

　　Hinge Marketing 针对专业服务领域的在线营销进行了研究，大约 1/3 差的企业都在一定程度上参与了在线营销。大多数企业都会使用内外部相结合的方式进行在线营销。一般情况下，企业会让外援帮助其撰写或编辑在线文章、电子期刊、博文及电子书等。

　　企业可以聘请一些专业作者、内容专家等帮助企业创建专业内容。这些人员具有高超的写作技巧，但必须保证他们对企业的业务充满好奇心，并且具有较为深刻的认识与理解，保证他们可以根据业务提出正确的问题，了解客户的问题并给出正确答案，最终通过比较独特的方式传递企业信息。在营销服务领域中，随着不断发展产生了专业内容咨询师及机构，他们可以同时参与多个事务并对这些事务进行合理协调。通过对请外援的成本核算及其对价值内容增长和利润率的直接影响，可以帮助企业判断请外援是否为正确选择。

　　企业想成功开展内容营销，就需要专业的团队以及整个企业的配合。因为内容营销需要深入浅出地挖掘企业内部蕴含的知识，并将其转化为企业的价值内容。内容营销在数字时代具有重要作用，这并非只是营销部门和外聘团队的任务，企业应该予以充分重视，并且需要企业所有员工和部门给予支持。在内容营销中，企业内所有员工都可以成为内容专家。企业员工是最了解企业和客户的,需要为他们的思想和声音提供一个传播的渠道。价值内容营销涉及企业发展的多个环节,很多即使在传统营销模式下自认没有"销售与营销"技能的人也可能会发挥作用。

在内容营销中所有相关人员构成了一个大团队,通过完成自己的任务,为企业带来回报。虽然不是所有人一开始都能轻易地找到先进的思想和内容,但是经过一定培训、给予一定鼓励后,大家都可以在业务中发现一些闪光点,并充分发挥其作用。这些人可以成为企业的价值内容创建者,其他人可以通过向他们学习积极加入这个行列。

企业不论是利用内部资源还是外部资源,都要由内部人员负责介绍企业的资料,在此基础上才可以将其转化为价值内容并进行分享。而董事会对于开展这项工作的员工应该给予支持和委托。美国内容营销委员会认为,每家企业为了更好地运转,都应专门设立内容总监这一职务。价值内容是企业未来发展的主力军。而完成这项任务必须具备高度的责任心、出色的工作技巧以及优秀的协调能力。

（七）评估、学习、精炼

当一家企业已经准备好了创建所有内容,在实施前需要谨慎考虑,判断自己的新策略是否能够起到作用。企业在做完准备工作后,需要重新与企业目标进行对比,针对每个目标制定清晰的判断标准,并通过图表的形式将整个流程表现出来,如表 6-4 所示。

表 6-4　目标示例及推荐的评估方法

商务目标	进展指标
获得更广泛的知名度	社交媒体平台的支持者、网站的浏览者、阅读文章及其他内容的读者数量都有所增加
获得更强的互动性	下载、注册电邮、订阅电子期刊、在社交媒体上分享内容的次数都有所增加
从网站获得更多的集客式 leads	与内容相关的 leads 数目有所上升
获得更多的商务机会	由内容带来的销售机会有所增多

网页营销成果的评估十分简单。当前有很多工具可以帮企业分析价值内容营销的投资结果。

（1）Google Analytics 是一个很好的评估工具。企业在网页上添加代码后，通过这个工具就可以实现追踪，可以获得网页浏览数量，可以了解用户们来自哪里、之后又去了哪里、在网页上做了什么等内容。

（2）一些优秀的博客软件可以帮助企业了解每日阅读量，哪篇是热门文章，而哪些文章比较受冷落。通过比较了解用户心理，这样可以帮助营销团队更好地撰写文章。

（3）电邮营销软件可以帮助企业了解都有哪些客户打开了企业邮件并点击了邮件中的内容，以及打开邮件之后采取的行为等。

（4）社交媒体软件可以按照企业设定的更新频率提示企业，哪些用户分享了企业内容或分享了相似内容，并可以为企业提供社交媒体的支持者名单。

（5）bit.ly 等链接缩短服务商，可以为企业分享链接的每份内容提供一些简单的分析资料。

企业对其实施的工作进行评估，能够帮助其检查所选择的方向是否正确。设立基本的原则并为整个进程设计多个指标。每个月对结果进行计算，并绘制图表。对变化进行评估。

企业应该在每次与新客户接触时，询问他从何处得知本企业、什么原因使客户联系了自己。在这些答案中，企业可以发现包含着多种因素的组合。新客户可能是浏览了企业网站而对本企业比较赞赏，通过某个企业客户那里得知本企业，也可能从社交媒体上发现本企业。客户可能是在搜索引擎上搜索到企业的网页，并对网页中的某篇文章产生兴趣，之后联系企业希望得到解答；可能是看到自己感兴趣的内容而注册了企业的电子期刊，或关注了企业的社交媒体，以便获得更多企业内容。企业开展价值内容营销可以同时从多个方面建立兴趣、信任和商誉。

需要注意的是，对于内容来说，如果没有进行尝试就无法了解它的实际作用。也许最初要开展内容营销时,认为电子书是最好的选择,但之后可能会发现人们更偏好于视频。而开展内容营销,就必须保证企业自身可以随时按照客户需要进行学习和改进。要对企业价值内容进行科学评估,之后向着更好的方向前进。

企业应该耐心等候,但同时也要在必要时果断行动。因为只有在最合适的时间开展最合适的营销,才可以获得最佳效果。同时,好的内容营销需要经过时间的打磨,只有这样才能更好地焕发光彩。

企业通过价值内容营销的方式提高知名度并获得收益需要一定时间。在最初开展营销时,企业可能会产生一种自说自话的感觉,但是必须坚持,应该专注于客户及其需要,要持之以恒地为客户提供价值内容,要重视客户感受,随着时间的推移与客户产生紧密联系,在不断学习和改进中取得进步,最终一定会获得一定成果。

第三节　内容营销的实现途径

一、内容营销的实现要素

（一）价值观点

企业开展内容营销时应该强调独特的价值观点,甚至可以是与业务没有直接联系的价值观点。这里的价值更多的指的是通过建立和推广独特的价值主张,与受众之间产生强烈的共鸣,通过唤起情感呼应来打动潜在客户。菲利普·科特勒提出,营销人员不应该再将客户单纯地看作交易对象,而是应该将他们看作拥有独立思想与灵魂的完整个体,而正因为客户主体性的放大导致内容营销在当今时代具有如此重要的作用,也就是说,消费者的关注越来越多地从品牌的理性价值、功能价值转移到品牌的感性价值与精神诉求上。苹果公司是这方面的典范,乔布斯在推广苹果早期产品时,就已经是一个会讲故事的大师了。如1983年,年轻的乔布斯发布了著名的"1984"Mac电脑广告,他并没有在发布会上罗列一堆数据与事实,而是通过讲故事的方式将Mac描绘成一个抵抗IBM与计算机垄断格局的孤胆斗士,让消费者和经销商从中领会到苹果的价值观点,苹果为市场带来了更多选择。

（二）社会价值

公司业务能够创造社会价值。通常社会价值会涉及环保、公益、慈善关键词,通常它们会是一些容易引起社会效应的话题,以及触及社会广泛关注和争议的内容。马克·高贝曾经提出,一家企业如果致力于响应公众利益诉求、造福世界并承担社会责任,并且在其营销和市场竞争的过程中始终坚持正义的品牌形象,那么该企业会更容易获得人们的好感与支持。正因为如此,现在的企业越来越重视"可持续发展""社会责任""绿色"等方面内容。如韩国第三大企业集团SK集团就通过一定方式树立了自身正面的品牌形象。SK集团将集团品牌重新定位于"分享幸福",并以此为基础制定了系统的品牌社会传播系统,明确将公益事业作为其传播载体,包括环保、社会福利、教育奖学金等,围绕一系列主题,SK集团开展了多样化的公益活动,并且这些活动也为其带了显著的利益,人们对该品牌的好感度出现了显著提升。

（三）情境互动

企业应该基于特定情境进行互动感体验方面的设计。情境互动指的是通过创新的情景设计,打破信息单向传递的界限,让消费者以互动式的体验参与到内容的产生过程中,成为内容的一部分,同时也可以加深品牌在消费者心中的形象认知。可口可乐在其125周年庆之际推出了Hug Me自动贩卖机,通过该自动贩卖机,一个拥抱的动作就可以免费换取一罐可口可乐。设计者希望通过这样的方式让人们传递快乐,这个别出心裁的创意的确得到了人们的广泛关注和认可。仅仅一天的时间,社交媒体上就充满了该广告的相关内容,大量用户上传了"可口可乐 Hug Me 贩卖机"的视频和图片。

(四)随流设计

企业开展内容营销应随着各种热点事件的步伐进行设计,将社交媒体热点作为营销切入点,也就是所谓的热点营销、借势营销。每个热点事件的发生都会在网络上掀起一阵浪潮,其中很多企业也参与其中,借此开展营销。随流设计的最大优势就是借力使力,但也容易产生内容疲劳的现象,存在一些企业盲目从流,因此,企业想要进行成功的随流设计,就需要以热点本身内涵为基础,创建属于自身品牌的独特的二次演绎和衍生。杜蕾斯一直是数字营销界的翘楚,几乎每次热点它都可以抓住做一次成功营销,在一些传统节日和热点时间上,它总可以找到适合自己的独特营销点。杜蕾斯为观众奉献的精彩又经典的文案案例不胜枚举,正因为如此,在发生热点事件后,人们往往会予以该品牌特别的关注,希望从该品牌那里看到新的奇思妙想,可以说,杜蕾斯在这方面做得十分出色。

(五)背后起底

对公司或行业内幕的起底,或公司夸张化的功能表达。例如,多芬作为联合利华旗下的一个女性日化品牌,该品牌的核心任务是面向广大女性消费者售卖"美丽",但多芬颠覆传统,从 2004 年开始便推出了"真美行动"以及多芬自信养成计划,这些活动通过一系列的视频、文案和活动,鼓励广大女性发现属于自己的独特美丽,这也体现了多芬的品牌价值观——"你本来就很美"。在病毒广告《蜕变》中,仅用 75 秒的时间向大家展示了如何将一名普通女孩通过改变妆扮和照片后期处理的方式,塑造成一名气质超凡的"超模",然而广告的主旨并不是教大家如何将自己变成超模,在广告的最后有这样一句话:"毫不奇怪,我们对美的理解已经被扭曲"。由此可以看出,这则广告同样展现了多芬的品牌价值观,在戛纳国际广告节上一举夺得三项大奖,并且在社会中引起了极大反响。

二、内容营销的具体做法

(一)设置分享按钮

进行内容营销时,即使内容再优秀却没有设置正确的情景化按钮,也无法使其完全发挥作用。企业必须保证在内容主页上添加社交媒体的分享按钮。

虽然这是一个显而易见的问题,但是在实际操作中仍然有很多企业没有在其企业网站上设置相应的分享按钮,甚至一些大公司的网站也是如此。这表明这些公司忽视掉了让更多人了解他们的时机,拒绝了访客帮他们分享内容的机会,也许设置一个分享按钮就可以让更多人知道这些公司。相关调查结果显示,有分享按钮的内容是没有分享按钮的内容传播量的 7 倍。

企业在进行内容营销时,应该保证其内容可以通过简单地点击按钮就可以实现分享。同时,企业应该设置分享的内容显示,让客户对分享的内容有个大概了解,不要让客户分享到其社交媒体上的只是一个简单的链接,而是应该标题、网址、作者署名等,只有这样才能确保建立实际的公共关系。

同时,除了设置社交媒体的分享按钮,因为一些客户喜欢使用邮箱进行社交传播,所以,企业可以再设置一个邮箱分享按钮。

(二)内容要具有娱乐性、趣味性和启发性

精神分析学家唐纳德·温尼科特发现,人类第一个情感动作是通过自己的笑容回应母亲的笑容。这表明人类从出生开始便

具有对快乐幸福的渴望,而快乐幸福也是驱动人们采取行为的动力。温尼科特对婴儿"社交微笑"的研究还表明,在进行分享的时候,人类感受的快乐会有一定提升。

因此,有一种观点认为幸福是社交媒体分享的重要驱动力。通过观察可以发现,人们在社交媒体上分享的大多是开心的、有趣的内容,也就是说大部分人都喜欢传递令人感到快乐的信息,并从分享中得到二次愉悦。有专业人员针对网上被分享次数非常多的文章进行分析,发现了三种主要情绪:一是敬畏(25%),二是欢笑(17%),三是愉悦/娱乐(15%)。同时还有研究表明,有较大一部分用户喜欢在社交媒体中浏览具有娱乐性的内容。

伯杰、米克曼也对该领域进行了研究,经过研究发现,情绪积极的内容相较于情绪消极的内容更容易得到传播。很多因素相互作用造成了这一结果,虽然人们会分享具有各种情绪的内容,但是情绪积极的内容相比起情绪消极的内容更容易得到人们的分享。

AgoraPulse 公司的研究发现,在 Facebook 上分享最多的内容中还含有激励成分,其中包含以下关键词。(1)给予:折扣、交易,或者可以为人们带来一定优惠的内容。(2)建议:提示,主要是针对用户普遍会遇到的问题给予一定提示。例如,如何保持身材、如何选择大学、如何选择职业等。(3)警告:只主要是指对于那些潜在危险的警告,可能对所有受众产生一定影响。(4)激励:一些励志名言,即使有些人并不喜欢鸡汤,但在一些时候它们的确会发挥作用。(5)团结:强调危险、邪恶、敌人、缘故,或个人、集体的需要。

此外,通过研究还发现一些行为会导致很少甚至没有人分享你的内容,因此企业需要避免发布这些内容:(1)只发布与自己有关的内容。(2)内容过于尖锐,或者表达方面的用自措辞过于激进。(3)内容太隐晦,或者受众群体范围过小。(4)内容过于专业、言语过于晦涩或者其他一些原因,导致大部分人都无法理解。

（三）制作长篇优质的文章

现在很多企业都专注于简短的内容开展营销,如短视频、高水准的信息图、简单产品介绍等,在生活节奏极快的今天,通过制作短内容可以方便人们浏览和分享,但长篇内容同样具有很高的分享率。

有人对 1 亿篇网站文章进行研究分析后发现,相比来看,长篇内容相比短篇内容获得了更多的分享。实际上,篇幅越长,分享量越大,在任意类别下,平均分享量最大的内容是篇幅在 3 000 ~ 10 000 字的内容。《纽约时报》的研究也确认了这个现象,电邮转寄最多的文章里,有 90% 的篇幅都超过了 3 000 字。

当前,存在数量巨大的短篇内容,少于 1 000 字的文章数量要比 2 000 字以上的文章数量多出十几倍。而实际上,长篇内容结构充实、内容丰富,具有短短篇内容不具备的优势,而企业应该抓住机会填补空白。营销人员在制作内容时,要保证内容易于浏览,不要写的晦涩难懂。在创作时,可以选择使用列表,将段落划分的简短易读,同时应该在文章中凸显副标题和重点内容。

（四）关注对话

当前,很多企业在开展内容营销时,喜欢利用争议引起人们的兴趣,甚至有人通过持续制造有争议的内容引起人们的持续关注,并引爆营销热点。虽然争议内容可以在短时间内引起人们的注意,但是这只是一时之法,而非长久之计。

企业应该区分简单的对话内容、引发思考的内容与有争议的内容。有争议性是指,一种长期的、引起争议的公开争论或辩论。可以看到,有争议性内容应该同时满足"长期""引起争议"以及"公开"这三种属性。

很多时候争议是不可避免的,但并不能将争议作为企业开展内容营销的长期策略。从实践中也可以看出,并没有哪家成功的公司将长期争议作为其营销策略。大部分公司都会避免争议,大部分品牌都倾向于建立在积极情绪上的。通过各种研究可以发现,相较于消极内容,积极的、令人振奋的内容更容易在同一时间内获得更多阅读、点击和分享。

同时,还有人提出,争议不可能作为社交传播策略是因为它会吸引错误的受众。一些存在争议的内容看起来就像一场网络斗殴,虽然在短时间内这种方式会引起流量激增,但是并没有人希望通过争议构建友好关系。通过争议并不能帮企业实际上获得合作伙伴或者客户。而当这种网络斗殴结束后,关注此争议的人就会离开,不会对企业产生实际效益。

但可以将争议与积极事件联系在一起,以此发挥积极作用,引起正面反响。CVS 连锁药店禁止店内出售香烟时,就曾引起很大反响;服装经销商 Patagonia 建议消费者可以适当地采购服装,少买或购买质量更好的服装,提倡服装的重复使用、修复、二次出售以及回收等,它用一些环保理念引导消费者进行购买,以此对抗传统的商业逻辑,激发消费者的购买欲望,在消费者中引起了很好的反响。

（五）重视标题

好的标题在内容营销中发挥着重要的作用,可以直接提高内容的阅读量和分享量。企业必须精心设计内容的标题,保证其具有描述性和感染力,精确、朗朗上口并且适用于社交媒体。标题的确定十分重要,虽然这是创作一篇内容的基础,但同时也是难点。标题在一些层面来说,比内容本身还要重要,因为只有标题足够引人注意,才会引起消费者的点击欲望,内容才可能被人看到。尤其是在生活节奏如此之快的今天,必须保证通过标题抓住机会。一般来说,制作好的标题应该遵循以下原则。

（1）简短,在设置标题时尽可能用较少字数,调查显示标题短的文章要比标题相对长的分享量更高。（2）可以准确地描述内容,不要用标题迷惑、误导读者。（3）具有创造性,新颖的标题是让一篇文章在众多文章中脱颖而出的关键 。（4）在标题中列出编号或数字,可以直观展示内容的作用,有效增加社交传播量。例如,"成功营销的 10 个步骤""保持身材的 6 个诀窍"等。（5）标题中包含有价值信息,即读者可以从标题中获得有用信息。（6）加入关键词或短语,这样可以提高在搜索引擎中被搜索到的概率,同时可以优化搜索引擎。

同时,在标题中加入比较温暖的关键字、短语也可以提高阅读量、转发量。相关人员对一年内被分享上千次的博文内容进行分析,发现在最热门的内容中,大约 85% 的标题中都具有"人类"必需品的相关词汇,如"食物""生活方式""家"等。而很多人认为会有较高转发量的词汇,如"技术""商业""新闻"等,实际上只占了 14% 的流量。

内容营销人员在编写标题时,可以使用高级市场营销研究所推出的标题分析器免费工具,也有一些类似的其他工具。通过这种工具,可以增加标题中的情感营销价值,以此有效促进人们对内容的传播分享。但需要注意的是,适当加入情感因素即可,过于情绪化的标题很可能引起社交分享量的下降。

（六）加入图片、列表或信息图

有研究表明,人们在阅读一篇文章后,三天后只会记住文章内容的 10%,但是在纯文字内容中加入图片内容,可以使人们记住 65% 的内容。实际上,人类的阅读效率很低,大脑会将文字当作无数的微小图片进行处理,只有找到相应的组合才可以有效阅读,而这个过程则需要花费较长的时间。

有研究显示,在纯文字内容中加入图片或图表,能够有效促进人们分享内容。有研究对这个观点进行了验证,他们对Facebook 中的分享内容进行研究,发现加入图片的内容的分享率是普通内容的两倍。基于此,很多企业在社交媒体上进行品牌或产品宣传时都会插入图片,以提高被传播分享可能。

通常来看,在网络平台上开展内容营销时,企业可以自行为图片设置话题或提供"可供选择的话题"。企业应该为图片加上关键词或话题,这样可以促进搜索优化,有效提高被搜索的可能性。

除了加入图片外,加入列表和信息图也可以促进内容的社交分享。列举型内容和信息图可以帮助用户在短时间内找到问题的答案,同时相较于普通内容更具趣味性。当人们身处信息爆炸的环境中,通过略读的形式可以让他们更快速地找到需要的价值内容。

（七）利用好推荐

企业吸引客户访问自己的网站需要做很多准备工作,当有访问者浏览企业网站时,企业最重要的一项任务就是留住访问者,这时可以充分利用推荐功能,可以使用如 LinkedWithin 这样的推荐小插件,这样可以比较精确地为向访问者推荐相似内容。这类插件可以帮企业在每篇内容的下方列出与该内容相关的文章,方便访问者继续阅读,利用推荐功能具有以下几个好处。

第一,可以有效地复活过去发布的相关内容,在访问者阅读新内容时,通过推荐很大可能会阅读旧的内容,可以增强内容投入动力。

第二,增加页面访问量,利用 LinkedWithin 等推荐功能插件,可以有效地提高企业网站的访问量。

第三,使访问者阅读更多相关内容,这样可以建立访问者对企业的兴趣,以此增加与企业产生沟通、关注的可能性,甚至还会有访问者就此点击进入网站的业务板块,提高了促成业务的可能性。

第四,增加社交分享数量,经常有访问者通过 LinkedWithin 等插件的推荐功能逐篇阅读企业文章。在之后的几分钟内,就在社交媒体上分享几个或更多的文章内容。

（八）确定最佳发布时间

虽然有很多列举"最佳发布时间"的文章,但实际上并没有确切的"最佳发布时间",因为这个时间很容易受到各种因素的影响,而企业需要找到受众的最佳发布时间和最适合自身情况的发布时间。

虽然会有一些观点明确地指出,在某个网络平台或社交媒体上哪个时段是最佳的内容发布时间,但实际上,每一个垂直领域分享量达到峰值的时间都是不同的。

企业需要寻找最适合自己行业的发布时间,这就要求企业必须充分研究自己的目标群体,要选择他们最可能对内容进行社交分享的时间发布内容。就如上面提到的美国各个行业的最佳发布时间,有人会专门选择分享量最低的周末发布内容,因为这样的企业认为放弃扎堆反而是一个更好的选择,选择另辟蹊径,并且这样的选择也很可能会为其带来更高的分享可能性。

（九）对内容重复使用

在开展内容营销时,有一些价值内容是常青价值内容,可以重复使用,利用这些内容为目标群体创造出新的信息形式。企业可以对这些内容进行一系列的编辑和修订,或者将其制作为一个特别报告提供给目标群体。此外,还可以将常青内容转化为演讲、网络论文或视频等形式进行分享。

企业可以将研究或数据转化成信息图,再将信息图转化为视频,可以将视频上传至网络平台,吸引客户浏览关注,还可以将视频的介绍文字编写为网络文章,将文章刊登在媒体上。可以看出,同一个内容通过转化为不同形式很大程度上扩展了受众面。通过小额投入,将其转化至不同的媒体上。通过这种方式,企业利用很少的时间就可以有效地拓展其受众面积。

有一点十分重要,就是使用新渠道重复使用旧内容,可以帮助企业接触到新的受众群,这些群体没有看过原始内容,在新渠道第一次接触这些内容,产生兴趣和实际效应。可以看出,企业只需非常小的开发成本,就可以开启新一轮的社交分享。

（十）重视用户反馈和评论

反馈和评论也是一种社交传播的重要形式。评论能够提供强有力的"社会认同",而社会认同对于一家企业来说具有极其重要的意义和作用。通过实践可以看出,当人们处于不明真相的状态时,通常会凭借各种迹象做出决定,而这些迹象的集合就是社会认同。评论就是一种社会认同,人们在对一家企业并不了解的情况下,通常会根据其他人对该企业做出的评价决定是否购买该企业的产品。

对很多企业而言,当消费者做决定时,网上的评论就是一种高风险的内容。例如,消费者在购买汽车时,通常会到汽车测评网站上搜索相关信息和评论,以此对要购买的产品产生一个客观认识。尼尔森的一项报告显示,84％的消费者认为网络评价会在一定程度上营销他们的购买选择。在汽车测评领域的一些著名评论员具有很高的声望,他们的社交媒体也有很多关注者,在一些时候,消费者相对于其他客户的评论更相信这些评论员的意见。但很多时候,人们还是十分重视已购买人群的评价的,销售人员应该以一种合适的方法促使消费者在一些测评网站或社交媒体上推荐其产品,这是一个很好的内部流程开端。

企业通过评论网站改善社交传播的方法有以下几种。

第一,指派专人负责计划的实施。有专人负责企业的网络声誉负责,同时让整个公司的基层员工全都参与到这个计划中来,对社会舆论做出监测和回应,传播企业积极向上的价值观。

第二,使用标志和标语。应该通过引导使企业员工和客户具有一定传播意识,应该在店内合适的位置张贴"请在评论网站上给予评价"等标志,如在销售办公室、客户等候区、客户服务区和付款处等处张贴标语。同时,企业可以向客户发放卡片,提醒他们在相应的评价网站上可以找到本公司。此外,应该在收据、工资单以及维修单上标注企业标志,以此强化员工和客户的意识。

第三,联系狂热粉丝。一般某个品牌都会有一些狂人粉丝,品牌的销售人员都认识他们,其中有一些粉丝已经支持了品牌很长时间。企业可以邀请这些粉丝在网络上分享一篇诚实的评论,切忌让他们编写不实内容,只要按照实际情况撰写即可。实际上,大多数人都希望受到关注,希望得到他人的喜爱,所以企业应该更多地关注自己的粉丝,加强与他们的交流和互动,当企业倾力服务一名客户,他就很可能成为品牌的有力支持者。另外,一定要重视网站上的客观评价,这些评价可以有效地提高企业在潜在客户中的信誉。

第四,在网络平台上举办客户节目。例如,企业可以从满意的客户中按照一定规则或者随机挑选一位,让他成为内容主角,根据他与品牌的故事和亲身经历创作内容,引起其他消费者的共鸣。

第五,积极举办员工竞赛。企业开展营销活动,必须激励员工,而奖金是最直接的激励手段。例如,企业可以为获得评论最多的销售人员提供一定金额的奖金,以此来扩大企业的影响力。

第六,记录获得好评的员工。在内容营销上,获得良好评价具有重要的积极作用。因此,企业可以在月度销售例会上为那些获得好评的员工提供一些奖品,感谢他们为企业的付出,同时还可以激励其他员工更好地开展工作。

（十一）重视最新研究成果的转化

很多用户分享内容是因为其中有帮助他人的内在价值,关注研究中与之有关的新见解、专家观点以及振奋人心的新创意,能够有效引发人们的分享心理。

同时,这样可以为营销人员进行内容创作带来一定灵感。营销人员在制作内容时,可以尝试在其中引用一些具有极强吸引力的研究,并在内容中提供正确的出处和链接,之后在文章中提出自己对该项研究的论述,可以包括以下这些内容。(1)从该项新研究中可以学习到什么知识。(2)这项新研究可以激发怎样的全新思路和想法。(3)其方法论是否存在一定问题,或者该项研究的过程和结论是否正确,有没有需要再次强调的地方。(4)该项研究应该如何灵活的运用到企业所在的行业中。(5)该项研究有哪些令人惊喜的发现,如何提供的全新世界观。

此外,还有很多值得营销人员挖掘的内容。营销人员在制作内容时,通过自己的语言将最新研究成果传达给受众,使客户觉得贴近生活,可以提高原来内容的价值。

（十二）通过读者进行传播

为了解什么内容会流行,神经学家在人们听到新理念时,对他们的大脑进行了扫描。之后这些人会将自己听到的新理念传达给其他人,之后再对比他们脑内接收的内容和传递的内容,从而了解哪些内容得到了传播。

一般来看,人们会认为得到传播的应该是那些最好的理念,即可以刺激大脑记忆区域的理念,但研究结果并不是这样。大脑中预测流行的区域与社会认同区域相关联,这些区域都是相关其他人的想法。当某些理念刺激了大脑的上述区域时,人们在进行表达时,往往会选择这些与他人相关的想法,这些理念也就会持续地得到传播,因此企业也应抓住消费者二次传播的好机会,使产品得到推广。

第七章　O2O营销

随着互联网的快速发展,除了原有的 B2B/B2C/C2C 商业模式之外,近来一种新型的消费模式 O2O 已快速在市场上发展起来。O2O 是一种借着互联网这股东风发展起来的新型模式,涉及了线上线下、移动支付、二维码营销等众多领域。根据《中国本地生活服务 O2O 行业分析 2018》的研究分析,2017 年,中国本地生活 O2O 整体市场规模冲击万亿大关。其中,到店 O2O 市场规模 7 611.9 亿元,在本地 O2O 整体市场中交易占比 76.2%[①]。目前,各企业都希望搭上时代浪潮借助 O2O 营销创造更多收益,实现进一步发展。

第一节　O2O 营销的概念及模式

一、O2O 的内涵

虽然 O2O 已经进入了人们的日常生活,成为与人们生活紧密联系的一部分,但当前还有很多人对 O2O 营销存在很多疑惑,并不了解 O2O 营销的概念。

O2O 是指 Online To Offline,也就是线上到线下,如字面意思这是一种线上和线下相结合的营销新模式。O2O 有机地将线下的商务机会和互联网结合在一起,使互联网成为线下交易的前

---

① 中国本地生活服务 O2O 行业分析 2018[EB/OL].https://www.analysys.cn/article/analysis/detail/1001178.

台。O2O的概念最初源于美国,其涉及范围十分广泛,凡是产业链中同时涉及线上和线下,都可以称为O2O。

O2O电子商务模式有四个要素,即独立的网络商城、国家级权威行业可信网站认证、在线互联网广告营销推广、全面社交媒体与客户在线互动,通常标准的O2O模式流程如下。

第一,线上平台和线下商家进行洽谈,通过双方协议达成确定的活动时间、折扣程度、人数等方面内容。

第二,线上平台通过有效的方式和渠道向自身用户推荐与线下商家达成协议的活动,消费者通过网络在线平台付款,之后从此处得到平台提供的"凭证"。

第三,消费者凭借平台提供的凭证到线下商家直接获取相关商品或享受相关服务。

第四,当相关服务完毕后,线上平台和线下商家之间进行结算,线上平台会保留一定比例货款作为服务佣金。

O2O营销模式如图7-1所示。

图7-1 O2O营销模式

二、O2O的优势

（一）传统营销系统的局限性

在O2O被运用之前,传统企业的线上和线下数据分别掌握在不同的部门或者不同的公司手里。其中,电商部门基本上只是掌握了用户的订单等简单信息,一些电商平台,如天猫、京东等,经过云计算、数据分析,将数据分析的结果反馈给商家,随着数据规模不断增大,电商平台数据的可靠性会越来越强。另外,电商平台也在不断打通用户的全平台数据,通过用户在不同店铺里的消费习惯、消费金额,基本就可以判断用户的消费能力以及消费类型(比如保守型、冲动型等)。这些数据分析结果会为电商公司的线下营销提供一定的数据支持。

总之,传统企业的线上线下部门有合作,但合作力度还有待进一步加强,一个重要原因在于,传统企业对很多数据尚未能够进一步深入挖掘。比如,对于传统企业来说,那些已经在线上咨询过商品的用户,假如转化成了线下的消费人群,传统企业就很难监控到,导致对用户购买行为的追踪,出现中断的现象,从而造成数据断层。反之,线下用户突然去线上消费,传统企业的营销系统依然会将这些用户记录为线上新用户,对于用户为何从线下转移到线上的数据,显然缺乏足够的分析,也不便于商家进一步整合线上与线下数据的相关性。

(二)O2O营销的优点

O2O最大的一个优势就是将线上和线下有机地结合了起来。通过网络导购的方式,实现了互联网与线下商家的完美对接,也就是达成了互联网落地,这样就可以使消费者通过线上平台以优惠价格享受线下服务,有效地刺激消费者消费。此外,O2O营销模式还可以有效促进各个商家之间的联盟。

一是O2O营销模式可以充分利用互联网具有的跨地域、无边界、信息规模大、用户规模大的显著特征,同时还可以充分有效地挖掘线下资源,在这种模式下形成线上用户与线下商品与服务之间的交易,O2O模式的一个典型代表就是团购。

二是相较于传统营销模式,O2O营销模式可以直观地对商家的营销效果进行相关的数据统计以及追踪评估,这样就避免了无从知晓推广效果的情况,O2O 营销模式是有效地结合了线上订单和线下消费,这就使所有的消费行为都可以进行科学准确的统计,通过科学的统计和分析可以吸引更多的线下商家选择 O2O 模式,消费者也可以因此获得更多优质的产品和服务。

三是尤其在服务业中,O2O 模式具有比较明显的优势,因为该模式下消费者可以通过更优惠的价格、更方便的支付获得产品或服务,并且可以及时获取相关的折扣信息。

四是 O2O 营销模式可以有效地拓宽电子商务的发展领域,推进其由规模化走向多元化。

五是 O2O 营销模式加强了线上与线下之间的信息沟通和用户体验,可以在一定程度上改善商家与消费者之间的信息不对称情况,避免价格蒙蔽,此外还可以使线上消费者享受"售前体验"。

三、O2O 营销的常见模式

O2O 营销模式也可以称为离线商务模式,只是指通过线上营销、线上购买带动线下经营、线下消费。O2O 营销有很多不同的营销模式,最为常见的 O2O 营销模式主要有以下三种。

（一）广场模式

广场模式是指通过线上平台为消费者提供发现、导购、搜索、评论等信息服务,相应的平台会向商家收取一定广告费,平台只负责向消费者提供信息服务,具体消费需要通过线下商家实现,这类模式的典型代表为大众点评网、赶集网等,大众点评网的应用界面如图 7-2 所示。

（二）商城模式

商城模式是指通过线上整合整个行业资源建立渠道,使用户可以直接进行线上消费的营销模式,这种模式相较于以上两种模式需要对相关行业资源进行整合实现交易,企业收取一定佣金分

成,消费者的消费行为由线上平台负责处理,这类模式的代表有
家美食会、易到用车等。

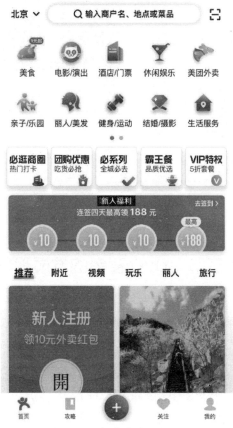

图 7-2　大众点评网 App

（三）代理模式

代理模式是指线上平台通过提供优惠券、预订等方式,将互
联网用户引导至线下消费的模式,线上平台向线下商家收取一定
佣金分成,消费者的直接消费行为由线下商家处理,这类营销模式
的代表为美团网、布丁优惠券等,美团网应用界面如图 7-3 所示。

图 7-3　美团网 App

第二节　O2O 营销的发展现状

一、O2O 营销的基本发展情况

随着网络技术的发展,线上资源的开发利用成为重点,而随着线上资源和线下资源的联通,O2O 模式形成并实现了发展,我们通常将 2013 年作为 O2O 模式发展的元年。自此以后,O2O 从蠢蠢欲动到疯狂生长,逐渐成为不可逆转的趋势,传统的互联网企业、电商企业、传统零售企业纷纷入局,试图找到实现理想目标的捷径,寻觅新的市场增量。

实际上可以简单地将 O2O 营销的实现理解为两点一线,其中两点是指线上资源和线下资源,一线是指实现线上、线下资源联动的手段,具备三者才能是一条完整的 O2O 产业链条。

以微信为代表的社交软件,走在了 O2O 实践的前列,微信与深圳天虹商场的合作、上线微支付等都是在不断地探索 O2O 的实现形式,实际上来看,微信是起到了沟通线上、线下资源的作用。

在 O2O 大发展的趋势下,京东与唐久便利店开展合作,积极探索传统电商的线上线下整合发展之路；苏宁云商实行线上、线下同价，是通过线下整合线上，虽然O2O的实现起点不同，但是方向是一致的，这两者属于拥有"两点"资源的企业，他们需要的是探索实现线上、线下一体化的路径。

京东作为传统电商，在推进自营O2O的过程中其最大的问题在于缺少自营的线下门店，因此对于京东来说，开展平台型O2O营销更为合适，但京东无论在PC还是移动端都缺乏如淘宝天猫一样的流量入口，这又是其一个巨大挑战。在2013年，O2O只处于起步阶段，还没有一家企业真正全部掌握两点一线的资源，不同的情况导致他们在开展O2O营销的过程中存在不同的短板。

在O2O营销形成初期，很多人并不看好，但是仍有很多传统电商企业把握住机会实现了更好地发展，这也证明了O2O营销具有的广阔前景，而如何解决"两点一线"的问题是所有想要发展O2O营销的企业面临的难题。

从时间来看，发展电子商务是解决"两点一线"问题的方式。电子商务的发展，使传统的零售业和服务业在受到冲击的同时也发现了商机，电商是一个开放的产业链，而且电商的实体资源也是来源于线下，所以怎样把更多的线下资源整合到线上，共享互联网在信息、传播、用户等方面的优势成为O2O营销的基础。

2013年开始，传统电商开始大力发展O2O，目前也取得了很不错的成绩，但是O2O要走的路还很长。国美在线牟贵先表示将全面发力布局O2O，并将其定位成国美的传统优势和核心战略。一方面，充分利用集团线上和线下的优势，在销售、体验、服务、物流、会员、推广等方面推进O2O的融合，另外，在外部的行业合作与行业联盟方面也将有大的进展。

二、O2O的营销平台

互联网时代O2O能够借助各种智能终端，把服务的双方或服务方的前台放到网络上,使消费者可以在自己的手机或其他终端上便捷地按照价格、位置、时间等诉求查看服务方线下服务,非常人性化地解决消费者的核心需求。现在,O2O 的营销平台有很多,但较常见的有四种平台。

（一）O2O ＋手机客户端

随着智能手机的普及,尤其是 4G 网络全面覆盖以后,手机上网慢慢成为人们与网络接触的主流渠道,正是因为瞄准了移动互联网发展的机会,商家开始把手机客户端应用到 O2O 营销中来。

手机客户端已经发展成为 O2O 营销的重要平台之一。因为移动互联网的快速发展,手机客户端就是游走于客户与线上企业的介质,所以完成 O2O 线上与线下闭环的关键工具就是手机客户端。

对手机客户端进行应用的 O2O 成功营销案例有很多,这其中就包括苏宁电器的手机客户端——苏宁易购。

苏宁易购的价格与实体店面的价格一致,这是苏宁 O2O 营销中最重要的一点,最简单的就是让线上与线下的数据共通使用。另外,苏宁 O2O 营销还做到了以下三点。

一是在店铺开设易购直销区,即把开放平台上的商家组织到店铺里,设置集市一样的直销区。

二是可在 PC 端或移动端选购、下单,例如,消费者在店里没有找到合适的产品,导购就引导消费者在店铺的计算机上选购,实现了线上与线下的互补。

三是只要用户允许苏宁移动客户端定位,客户端里的"在身边"服务会锁定用户所在的城市,并提供所在城市所有门店的位置,不仅如此,"全城苏宁"还把每家门店离用户的实际距离显示出来。

苏宁利用手机客户端实行了一种不一样的 O2O 营销,从线下走到线上,不会出现管理不匹配、标准难统一等问题,而这样的成果在 O2O 领域是目前其他互联网企业所比不了的。

（二）O2O + LBS 平台

在 O2O 这样的生活服务类平台的支撑下，基于 LBS 位置定位的本地生活化服务商圈模式将拥有更加广阔的市场前景。而 O2O 与 LBS 结合，则是一种新型的营销方式，这种基于地理位置服务的营销方式能够精准定位客户，实现移动互联网时代的精准营销。

在 LBS 和电商领域的交界处，诞生了许多创新性的网络和移动产品，这种创新的营销模式在很大程度上影响了人们的日常生活。电商企业利用 O2O 模式与 LBS 地理位置系统，将线上线下打通，为用户构建一个基于 O2O 模式的营销平台。

LBS 除了应用在移动 O2O 电商领域外，还可以广泛支持需要动态地理空间信息的应用，从寻找旅馆、急救服务到导航，几乎可以覆盖生活中的所有方面。在覆盖范围如此之广的平台上，企业不仅更容易找到客户，还能节约许多不必要的宣传成本。

（三）O2O + 支付平台

随着移动互联网的快速发展，支付功能也逐渐多元化，各种支付平台开始与 O2O 携手开启了支付大战。支付平台的成熟与发展使得用户能更加便利地享受 O2O 服务，对于 O2O，尤其是移动互联网时代的 O2O 具有重要的促进作用。

如在这一平台上比较出名的汇银丰集团有限公司（以下简称汇银丰集团），从 2009 年开始布局移动互联网在传统行业的应用，通过多年的行业摸索与技术革新储备了大量的渠道关系，已经与多个商家建立了战略合作关系。

2012 年汇银丰集团开始加大力度投入人力、资金来研发"汇贝生活"O2O 营销管理系统，破解 O2O 行业的多项闭环难题，打通了银行、线上、线下多重渠道。在汇银丰集团的精心布局下，诞生了一个具备移动 + 支付 + 营销等多重功能为一体的营销管理平台。

在"汇贝生活"这个平台上,消费者除了可以用其衍生出的汇贝生活卡进行刷卡消费外,还可以直接用手机进行汇币支付。这样一个具有支付与打折功能的平台,让O2O的营销市场变得更加广阔。

（四）O2O + NFC平台

NFC即近距离无线通信技术,由非接触式射频识别演变而来,由飞利浦半导体、诺基亚和索尼共同研制开发,其基础是射频识别及互连技术。

O2O+NFC模式是一种非常受用户喜爱的手机O2O应用,与手机客户端不同的是,NFC手机带有独特的NFC模块,用户可以凭借配置了支付功能的NFC手机行遍全国。例如,进行机场登机验证,作为大厦的门禁钥匙、交通一卡通、信用卡、支付卡等。

在这种平台中,NFC是一个具有多功能的手机应用系统,可以帮助O2O平台完成很多工作。因此,O2O+NFC平台的营销手段已经开始被广泛地应用到大小商家的线上线下营销布局中。

三、O2O模式的基本发展情况

随着O2O不断发展,目前我国已经有很多电商企业开始采用O2O模式经营,依据其平台及运营模式的不同,可以分为百度系、阿里系和腾讯系,这也是我国目前较为成功的O2O模式的代表。

（一）百度系

百度作为搜索引擎,在入口流量方面具有很大优势,在很多业务上都推进得比较顺利,让商户自主通过百度的平台开展O2O业务是百度更愿意接受的方式。

2009年6月,百度和新京报共同投资的京探网正式上线,该网络平台是区域性生活服务平台,百度和新京报各占一半股份,在具体运营方面,新京报负责平台内容的提供和运营,百度负责为平台提供相应的资源和流量支持。

2010年11月,百度的LBS产品"百度身边"正式上线,以美食、购物、休闲娱乐、酒店、健身、丽人、旅游等类目为主,整体属于信息点评模式,并整合了各种优惠活动信息。

2010年10月,百度C2C平台"百度有望",推出了生活频道测试版,经过试运营后,于2011年4月正式转型生活服务平台,同年11月改名爱乐活,并分拆独立运营,百度联合IDG和启明创投向爱乐活注资5 000万美元。

hao123作为百度旗下的网页导航工具,该导航工具于2010年6月上线了团购导航,2011年6月,"hao123团购导航"升级为"百度团购导航",这表明百度团购开始由单纯的导航向O2O的方向进化。2013年2月,百度上线自营团购业务,此后,百度于2013年8月以1.6亿美元战略控股糯米网。

百度地图2008年上线,2010年4月开放API,开始引入第三方网站增加POI信息。百度的O2O战略以百度地图为中心,百度团购和百度旅游(包括去哪儿网)作为两翼,打造大平台和自营相结合的模式。

（二）阿里系

从我国O2O发展来看,阿里巴巴是最早涉足O2O的企业,同时它也是布局链条最长的一家。其布局明显提速,先是在淘宝推出了地图服务,再是本地生活信息服务平台丁丁网正式宣布获得阿里巴巴与花旗银行的投资,以及2014年阿里巴巴集团对银泰商业进行战略投资,并将组建合资公司等。目前,阿里O2O正在向"闭环"大步迈进。

1.阿里巴巴发展O2O的途径

（1）打造并发展淘宝本地生活平台

2006年,阿里巴巴收购了由前员工李治国创办的口碑网,后调整成为淘宝本地生活平台,提供本地商户信息、电子优惠券、团购、租房、外卖和演出等 6 类服务,并拥有本地生活、淘宝电影等两个移动客户端。

（2）大力推进团购发展

阿里巴巴为了打造 O2O 闭环,大力发展聚划算、中团、大众点评等团购平台的营销活动。淘宝 2011 年 2 月宣布,此前专注于网络商品团购的"聚划算"重心将调整为线下区域化的团购,正式加入"千团大战"。2011 年 7 月,美团网完成的 B 轮融资是由阿里巴巴领投,随后,阿里副总裁干嘉伟宣布加入美团网担任 COO,负责管理与运营,加强线下队伍。

（3）积极投资线下零售业

2014 年 3 月 31 日,阿里巴巴集团与银泰商业集团共同宣布,阿里集团将以 53.7 亿元港币对银泰商业进行战略投资。双方将打通线上线下的未来商业基础设施体系,并将组建合资公司。

2. 阿里巴巴发展 O2O 的常用工具

（1）利用一淘网比较线上线下价格

淘宝旗下比价网站一淘网,提供扫二维码比价的应用——"一淘火眼",可查询商品在网上和线下的差价。

（2）将支付宝作为主要支付工具

支付宝已经在手机摇一摇转账、NFC 传感转账以及二维码扫描支付方面有所布局,并在线下和分众传媒、品折扣线下商场达成了合作。

（3）积极发展并应用淘宝地图服务

在移动互联网时代,LBS 基于对地理信息的搜索,向用户推荐地图及地理位置信息相关的商户信息变得尤其重要,尤其是在打造 O2O 闭环中 LBS 具有重要意义。

（三）腾讯系

腾讯系是由"二维码＋账号体系 +LBS+ 支付 + 关系链"构

成整条路径,具体来说,腾讯在开展 O2O 营销时主要包括以下几个环节。

1. 腾讯以"微信 + 二维码"作为其发展 O2O 的入口

腾讯 CEO 马化腾多次强调:腾讯和微信就是要大量推广二维码,这是线上和线下的关键入口,"微信扫描二维码"已成为腾讯 O2O 的代表型应用。

2. 腾讯发展 O2O 的主要支付工具为财付通

财付通宣布与微信腾讯电商等进行深度整合,以 O2O 的方式打开手机支付市场。其核心业务"QQ 彩贝"计划打通了商户与用户的联系,实现精准营销,创建了电商和生活服务平台的通用积分体系。

3. F 团为腾讯开展 O2O 营销的主要平台

F 团与高朋合并的公司获得了 4 000 万美元的融资,由 Groupon 主投,腾讯跟投。前后加起来,腾讯在团购业务的投资已经超过了 1 亿美元。

四、当前 O2O 营销面临的困难

随着 O2O 营销逐渐成为一种主流,O2O 市场相较于最初发生了很大变化,传统行业、新型产业轮番登台。作为旁观者,我们看过成功的 O2O 案例,也看过失败的 O2O 案例,这也正说明了 O2O 模式不是万金油,线上线下的营销模式并非想用就能用。作为电子商务的新型模式,O2O 有着独特的优势,同时也有其劣势。

（一）用户流量入口

有大量的流量是打造 O2O 闭环,发展 O2O 营销的一个重要前提,这也是将用户流量从线上引到线下的前提,因此我们必须重视流量入口。尤其在移动互联网时代,流量入口成为众多企业争夺的焦点。

BAT 三大互联网巨头即通过大量的收购和资本运作事件来布局 O2O 业务,如百度收购糯米网、阿里巴巴收购高德地图、腾讯入股大众点评。其目的都是希望打造移动互联网入口,抢占用户规模,然后将更多的用户从线上引导到线下。

当前,O2O 市场在流量入口方面的竞争十分激烈,百度、阿里巴巴、腾讯都根据自身情况有自己的格局和分布,以百度地图和高德地图为代表的地图生活服务类应用,以及以新浪微博为代表的大众传播类应用,还有微信朋友圈类的社交应用,都将有可能成为移动互联网上的一个超级入口。

1. 微信

当前,在我国微信已经成为人们使用最多的即时通信应用,拥有庞大的用户群体,而在这样的背景下,数量越来越庞大的微信公众号正在成为创业者瞄准的新市场。据了解,国内已经开始出现不少微信公众号的导航网站,试图建立流量入口,为公众号导入粉丝。

公众号与导航网站在模式上大致相似,均通过微信公众号展示和推荐的方式,引导用户进行关注。而在关注的方式上,二维码是一个很重要的介质——用户可以直接扫描公众号二维码,将微信公众号从 PC 端转到移动端。

从导航指向的层面来看,导航网站将用户导向划分为两类,一类是直接导向公众号关注页面;另一类是引导用户关注公众号,同时获取商户优惠券或者打折信息。而在商业模式方面,部分公众号导航网站已经初步具有应用商店或者团购导航的商业模式雏形——提供公众号的展示和推荐机会,收取相应的费用。

2. 微博

当前,刷微博已经成为很多人的日常活动之一,可以说微博是一个新兴且具有极大发展潜力的媒体,因此在开展 O2O 营销时必须重视微博的价值。以新浪为例,3 亿注册用户,超过 5 000

万活跃用户,其覆盖面应该说相比百度也并无逊色之处。而作为社交网络和自媒体,微博又拥有与生俱来的传播和互动的优势,其传播速度和互动频率可说令其他媒体望尘莫及。

3. 地图

在O2O中,联通了线上资源和线下资源,而地图在其中充当重要角色,在移动互联网领域中更是如此。地图不仅可以吸引大量用户使用,还能获取大量用户信息,高达25%的手机广告与地图及其相关应用密切相关。数据显示,地图服务在iPhone用户所喜爱功能中名列第二位。此外,通过地图服务,商家可收集有关iPhone用户的活动数据,如所在位置、行程目的地、驾车和购物习惯等,这些数据对于发布针对性更强的广告等商业活动至关重要。目前,地图行业的领头羊包括百度地图、高德地图、谷歌地图等。

（二）移动支付习惯

企业发展O2O,融合线上线下资源,其目的是向客户提供更好的服务,让他们有更好的用户体验,而支付的便利性在其过程中就显得尤为重要。近年来,中国的移动支付有了显著的进步。随着支付宝钱包的盛行及微信支付的迅速发展,用户开始逐步接受移动支付业务。例如,iCTR的在线调研数据显示,在拥有微信的被访网民中,有46%的被访网民都使用过微信支付。随着使用的便捷性以及安全性的进一步提高,这一比例还将继续提升。

移动支付在整个O2O链条中是一个不可取代的重要环节,快捷便利的移动支付可以有效提升用户的消费体验。例如非常火的打车软件,用户到达目的地后,只需要通过手机输入密码即可进行支付,无须涉及现金和银行卡,方便快捷。

但不能忽视的是,移动支付一方面为人们带来了更快捷便利的支付体验,另一方面也存在着一定的安全隐患。手机支付,实则是信息交互传递的过程,在这个过程中,若手机用户的消费指令只是以短信的方式发送至交易后台,则会存在巨大的安全隐患。目前,手机支付出现资金安全性降低的原因主要是钓鱼网站以及诈骗短信。一旦用户误点了相关的链接,手机受到感染,就会降低支付安全,甚至会直接造成经济损失。

本质上来看,移动支付是一种支付手段,在发展移动支付的过程中首先需要解决的就是支付安全性问题,而作为支付平台最关键的支付环节,相关的软硬件技术还需相对成熟。对用户而言,良好的使用习惯也是增强支付平台安全性的关键所在,比如对手机上陌生的链接不要打开,安装防木马钓鱼的软件等。

（三）二维码安全性

扫码支付已经成为消费的主流支付方式,二维码在 O2O 营销中发挥着重要作用,但是我们必须清晰地意识到二维码在安全性方面存在的各种隐患。从实践数据统计来看,iCTR 的在线调研结果显示,30％的被访网民认为二维码不安全,20％的使用过二维码的被访网民有过不安全经历。二维码的安全性依然是用户使用时考虑的核心因素,如果未来针对二维码的监管力度加大,降低其使用的安全隐患,二维码在 O2O 业务的发展中将起到更加重要的作用。因此,我们必须采取一定措施保证扫码支付的安全性。

第一,用户应该在手机上安装杀毒软件。手机杀毒软件可以针对来历不明的软件和应用做出拦截和提示,这样加上最后一层保险,就可以放心大胆地扫描二维码了。

第二,在扫码支付时应该确认二维码的发布来源是否权威可信。一般来说,报刊、电视、企业的官方网站及商场商家提供的二维码是安全的,但不明网站上发布的不明来源二维码,不要轻易扫描,陌生人提供的二维码也不要去扫描。

第三,用户在扫码支付时,如果要求下载陌生软件,那么就需要提高警惕,要确认要求下载的软件的发行方是否可靠,如果不能确定其安全性,最好不要下载。

当前,人民银行发布《中国人民银行关于印发〈条码支付业务规范(试行)〉的通知》(下简称《通知》),配套印发了《条码支付安全技术规范(试行)》和《条码支付受理终端技术规范(试行)》,自 2018 年 4 月 1 日起实施。这在一定程度上为我国扫码支付安全提供了保障,为 O2O 营销开展提供了更好的环境。

（四）线下纵深能力

O2O 用户的大部分体验是在线下完成的,线下资源是互联网和移动互联网企业未来几年的重点布局领域。这要求线下的消费和服务都要有质量保证,不能损害用户的体验。线上线下应尽可能多做一些互动,线上企业可以将经验介绍给线下商家,通过与线下商家的交流,提升线下商家的服务能力,对线下商家加深了解;线下商家也可在用户消费完后,引导用户回到线上进行点评分享,扩大影响力。

第三节　　O2O 营销的实现路径

一、O2O 营销的核心原则

O2O 的关键点在于线上与线下的深入结合,便捷与高效是其核心原则。随着市场经济的发展,O2O 营销在零售行业中的表现十分突出。新零售概念的提出重新定义了电商与传统实体零售商之间的关系,明确二者并不是处于对立的位置,二者之间具有一种相互协调、相互促进的关系;电商与传统实体零售商的边界也不再清晰,二者之间产生相互作用,依靠相关技术实现了有机结合,并通过物流形成了一个完整的系统。

从线上电商、线下实体零售商以及物流的角度来说,技术是推动新零售变革的重要力量,此外任何利益概念引导都没有对新零售的变革产生实际效用。从企业的角度来说,一切变革都与利益具有一定联系,而与利益直接相关的就是投入与收益。从投入的角度来说,企业必须考虑效率才可以保证效益和利润,而核心原则就是高效;从收益的角度来说,与之密切相关的是市场,零售渠道变更的核心原则就是消费者的便捷消费。

就当前的发展来看,O2O模式将开展新一轮的实践,而新零售为这一轮的实践指明了方向,为其提供了概念支撑。随着线上电商、线下实体零售商、物流的融合,零售企业需要科学合理地将商品价格、质量、体验等各个要素实现统一,使消费者可以获得具有针对性的、专业化的优质服务。由此来看,线上电商的主要任务是在为消费者提供概念体验、场景应用体验、交易体验等服务;线下实体零售商的主要任务是为消费者提供产品体验、服务体验、物流配送等服务;物流的主要任务是为线上和线下的交易互通提供保障,同时还需要为消费者提供便捷性服务支持。

实现线上、线下的深入融合,依靠虚拟现实技术,消费者能够体验到更快捷、高效和优质的服务。随着实际场景体验的缺失,出现了越来越多的虚拟场景再现需求。线上消费与实体店消费不同,消费者无法直接接触产品,为了更好地为消费者提供服务,就必须使用新技术。优质的购物体验有三个重要特征,即人性化、流畅化、简易化,只有在相关技术的支持下,才可以使线上购物具有这几个特征,在这样的要求下,虚拟现实技术成为可能。

此外,由于数据沉淀产生了消费定位匹配,其中今日头条就是一个应用典型,它根据新闻信息和用户的阅读习惯做出定位匹配。又如,消费者在平台输入关键字进行搜索,就会出现与关键字相关的产品推荐,而这就属于消费定位匹配。随着大数据技术的推广和普及,零售企业可以通过该技术进行更精准的产品推送,并且还不易引起消费者的反感。随着互联网技术与大数据技术的继续发展,新零售会出现更多新的可能。

二、O2O 营销的方式

从营销方式的角度来说，O2O 的本质是一种营销逻辑的转变，对于 O2O 模式，线下商家语言和互联网语言之间的结合是决定其能否成功的关键。一些已经存在较长时间的营销方式也因其在逐步发生转变，将线下前台转移至线上，是对传统的"等客上门"模式的一种变革。

（一）体验式营销

体验营销是指企业让目标顾客通过观摩、聆听、尝试、试用等方式，使他们可以亲身体验该企业提供的相应产品或服务，使顾客可以通过实际感知了解产品或服务的品质、性能等方面情况，以此促使顾客对产品或服务了解、喜爱并购买的一种营销方式，体验式营销如图 7-4 所示。体验式营销是一种新型的营销方式，随着推广它已经逐渐渗透到销售市场的各个方面。

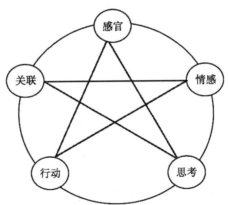

图 7-4　体验式营销

体验式营销方式可以充分满足消费者的体验需求，将服务产品作为平台，将有形产品作为载体，生产经营质量和品质良好的产品，缩短企业和消费者之间的距离。体验营销的主要策略如表 7-1 所示。

表 7-1   体验营销的主要策略

营销策略	策略详解
感官式营销策略	这是指通过视觉、听觉、触觉与嗅觉使人们建立起感官上的体验,这种营销策略的目的在于建立知觉体验。通过感官式营销可以有效地区分不同的公司和产品,增强消费者购买动机、增加产品的附加值等
情感式营销策略	这种营销模式是指在营销过程中触动消费者的内心,以此建立起情感体验,通常商家都会营造出消费者温和、柔情的正面心情,如快乐、自豪等,有时还可能营造较为强烈的激动情绪
思考式营销策略	这种营销模式的主要目的在于启发人们的智力,创造性地使消费者可以获取一定知识或解决相应的问题。这种营销通常会巧妙地使用计谋、诱惑等方式,引发消费者的思考。这类营销方式常被用于高科技产品的宣传中
行动式营销策略	这种营销模式是指通过偶像、知名人士等群体的影响力激发消费者,以此改变他们的生活形态,促进相关产品或服务的销售
关联式营销策略	关联式营销是将感官、情感、思考和行动或营销进行综合,这种营销模式常用于化妆品、日用品等行业

随着互联网的发展,体验营销可以转移至线上开展,让消费者通过某些方式完成线上虚拟体验,从而刺激消费者,最终带动相关产品或服务的线下销售。

在开展体验式营销时,商家需要注意以下几点。

1. 注重顾客的体验

体验产生于某个人经历、遭遇某种处境的过程中。企业在开展体验式营销式时需要注意和顾客之间的沟通交流,发掘和把握他们内心的想法和需求,应该站在顾客的角度审视自己的产品和服务。

2. 在设计、制作和销售产品时以体验为导向

如果将咖啡作为"货物"进行销售,一磅可以卖三百元;如果将咖啡进行一定包装作为"商品"进行销售,一杯可以卖二十元;如果将服务植入咖啡销售中,那么一杯咖啡可以卖几十或上百元;如果在咖啡销售的过程中植入"体验"的概念,那么一杯咖啡的价值则会更高。由此就可以看出"体验"重要性,将其作为导向设计、制作和销售产品便可以为企业带来十分可观的经济效益。

3. 对消费情景进行检验

营销人员不应该孤立地思考某一个产品,应该通过一定手段和途径创造一种综合性效应,以此增加消费者体验。此外,应该紧跟社会文化消费向量,以此为基础思考消费所表达的内在价值观念、消费文化和生活的意义。

检验消费情景,保证营销思考方式的正确性,充分考虑各相关方面实现对外延的扩展,并在较广泛的社会文化背景中提升其内涵。消费者体验对于提高顾客满意度、品牌忠诚度等具有十分重要的作用。

4. 同时考虑顾客的理性和情感

通常消费者在进行消费时会做出理性的判断和选择,但同时也会存在感性上的追求。所以商家在开展营销活动时,不可以只从消费者理性的角度思考,同时还应该充分考虑和满足消费者在情感层面的需求。

5. 确立主题

在开展体验式营销时,商家应该确立一个营销主题,也就是说营销活动应该围绕这一主题开展,这样保证营销的重点得以体现。或者可以设立一个"主题道具",如主题博物馆、主题公园等。

需要注意的是,不能随意制定"体验"和"主题",而是应该由营销人员进行精心设计。真正的体验式营销需要经过严格的计划、实施和控制等一系列管理过程,并不仅仅是指形式上的体验。

6. 选择多种方法和工具

体验的种类有很多,所以体验式营销的方法和工具也有很多不同种类,这些方法和工具与传统营销存在比较大的差异。商家应该勇于善于寻找和开发适合自身产品和服务的营销方法和工具,并且要根据市场的变化不断更新。

（二）直复营销

直复营销指直接回应的营销,也就是运用一种或多种广告媒介在任意地点产生可衡量的反应或交易,直复营销体系如图7-5所示。

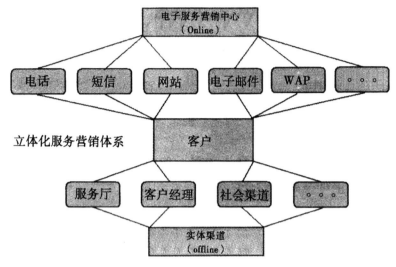

图7-5 直复营销体系

直复营销关键之处是受众的精准性。随着移动互联网的不断发展,LBS技术的不断成熟,"任意地点"转化为有针对性的地点。凭借这种技术,商家可以实现在特定地点向消费者发出具有针对性的"购买邀约"。随着O2O的发展,直复营销也逐渐发生了改变。

直复营销可以划分为直接邮购营销、目录营销、电话营销、电视营销、网络营销等集中形式,如表7-2所示。

表7-2 直复营销的类型

营销类型	营销策略	优点	缺点
直接邮购营销	营销人员直接将信函、样品或广告邮寄给目标顾客。商家可以通过租用、购买或者与无竞争关系的其他企业相互交换的方式获得目标客户名单	互联网的发展使电子邮件成为人们广泛使用的电子交流方式,有效降低了费用,提高了速度	容易出现将相同商品重复寄给同一顾客的情况,这可能引起顾客的负面情绪

续表

营销类型	营销策略	优点	缺点
目录营销	目录营销是指商家编制自己的商品目录,通过一定方式将此目录送至顾客手中,由此接受订货并发货的销售方式	内容和信息丰富完整;图文并茂,可以更好地吸引顾客注意;便于长期保存,反复使用	在商品目录的设计与制作方面成本较高;平面效果的视觉冲击性不足
电话营销	这是指商家通过拨打电话的方式向顾客提供其商品和服务信息,顾客再通过电话向商家提出交易的营销方式	可以直接和顾客进行沟通交流,可以及时获取客户的反馈意见,及时回答顾客的问题;及时掌握顾客态度,把握更多的潜在顾客	电话的方式可能影响顾客的工作和休息,因此可能引起顾客的反感;顾客不能直观见到实物或是商品说明,容易产生不信任感
电视营销	这是指营销人员通过电视介绍产品或赞助某个推销商品的专题节目,而进行营销的活动。我国电视的普及率很高,所以很多商家都会选择这种营销方式	顾客可以直观地从声音、画面、动态效果的方面了解产品,直观效果强烈;通过商品演示,可以吸引顾客注意力;接收信息的人数较多	制作成本、播放费用都比较高;顾客很难区分电视营销和电视广告;播放时长和次数有限,难以留下深刻印象
网络营销	这是指通过互联网、移动互联网、通信和数字交互式媒体等手段开展的营销活动	发展迅速,生命力强,接收信息的人数众多,活动空间广泛、方式多样	网络技术更新速度快,设备成本的更新成本高;网络营销方式更新速度快
整合互动营销	这是指整合各种网络营销方式开展的营销活动,包括电视广告、网络广告、公关新闻稿等	这种营销技术的适应范围广泛,通过互动的方式带动消费	涉及领域广泛,导致营销过程较为复杂

趣逛 App 就是采用直复营销。趣逛是由北京嘉宸联通科技有限公司研发的一款客户端软件,如图 7-6 所示。

趣逛 App 和北京多家购物中心及超市卖场达成合作,消费者安装了趣逛后,只要逛到合作商户区域时,应用便会进行自动签到并获得一定虚拟奖励,消费者还能收到个性化的折扣信息或商品推送信息。

趣逛 App 运用了 MQ100 室内精准定位技术,因此可以进行进店客流自动签到和统计,这样可以帮助签约商家提高购物提袋率。这种 O2O 模式下的直复营销和传统直复营销有一些不同，根据消费者的具体位置推送具有针对性的商户或产品信息。可以增加消费者的回应几率。

图 7-6　趣逛 App

（三）情感营销

情感营销是指围绕消费者的个人情感差异和需求制定营销战略的情感基调的营销方式。其核心在于通过情感包装、情感促销、情感口碑等营销策略实现商家的经营目标。情感品牌的五官要素模型如图 7-7 所示。

想要开展情感营销就要建立起广告主与消费者之间的情感沟通机制。社会化媒介的产生与发展，大大增加了品牌与消费者之间进行互动沟通的可能性，同时也降低了这种互动沟通需要的成本。情感营销通常都是在点滴中渗透入人们的生活，以此提高品牌知名度、维护和增强用户黏性。在 O2O 模式下，情感营销可能对消费者的线下消费行为产生直接影响。

一直以来，星巴克擅长于情感营销和文化营销，并且在新媒体和社交媒体方面也是勇于尝试和创新。在中国，星巴克先后推出微博、微信、手机 App，这是将其企业文化和移动客户端进行新营销模式的深度融合。

图 7-7　情感品牌的五官要素模型

2012 年星巴克推出了"星巴克早安闹钟"手机应用,只要下载了该应用,设定的闹钟在早上 7 点 ~9 点响起后的 1 小时内到达星巴克门店,就有机会在购买咖啡饮品的同时,享受半价购买早餐新品的优惠。通过这种方式星巴克将自己的营销目标融入消费者的日常生活中,在帮助消费者培养良好生活习惯的同时实现自身的营销目标。

商家在开展情感营销时,应该注意以下方面。

1. 做好情感设计

以前人们消费的最主要目的是购买商品的使用价值,也就是满足自身最基本的生活需求,而随着人们生活水平的不断提高,除了最基本的生活需求外人们产生了新的需要,也就是希望商品可以更多地符合自己的情感需要。鉴于此,商家在开展营销活动时就必须满足现代消费者的心理,应该设计开发具有个性化、情感化的商品,并提高商品的文化附加值。例如,首饰、化妆品刻字这类定制服务就可以提高商品的附加值,也就是加入了情感设计。

2. 进行情感包装

情感包装是指对商品的包装不仅要满足保护商品、便于携带、促进销售等的基本作用,同时应该通过包装赋予商品相应的风格和内涵,以此引起消费者更多不同的情感感受,从而实现和消费者的心理和情感同步。

例如,一些商品会在其包装上印上连环图画和历史故事等,这样就可以使商品具有一定的收藏欣赏价值;一些糖果、饼干的包装盒可以做成文具盒的样子,这样就可以赋予包装盒一种新用途,也可以吸引消费者的注意。

3. 注册情感商标

商标的设计对于商家来说十分关键,好的商标可以吸引消费者,并在消费者心中占有一定地位,所以设计商标时必须保证其新颖别致、寓意深刻、富有人情味。

第一,商标应该简洁明了,易于识别和记忆,让消费者可以瞬间被商标吸引,并快速看懂及记住,同时还要注意商标要有美感。第二,商标应该具有一定艺术性,在符合品牌形象的前提下提高艺术性。例如,飞鸽牌自行车的商标就具有一定艺术性,不仅符合品牌形象,还形象地表达出骑在自行车上像飞鸽一样自由、稳健、轻快。

4. 打好情感广告

一般情况下,具有人情味的广告会提高产品形象,可以在很大程度上消除消费者对广告的本能抵触。消费者首先产生感动和情感共鸣,在此基础上会引发现实或潜在的消费需求,商家应该在消费者的情感体验和满足中实现自身的营销目的。

5. 制定情感价格

情感价格是指可以满足消费者情感需要的价格,应该保证商品价格和消费者自身的情感需要相吻合,这就要求商家实时把握消费者的情感需求。例如,各大航空公司在暑假期间会推出持教师证六折购买机票的活动,以此来抓住广大教师消费者的心理。

6. 做好情感公关

公关在营销中具有十分重要的作用,这种作用也逐渐被各个企业和领域所认识。正确地运用公关可以帮助企业及其产品树立良好的形象,公关策略已经成为企业营销战略重要的一部分。情感公关要求商家应该站在消费者的位置思考,尽可能加强与消费者之间的感情交流,通过各种方式使消费者可以参与到营销活动中,在此过程中完成消费者对商家及其产品的态度转换,由认识阶段升华到情感阶段,最后达到行动阶段。

7. 强化情感服务

商界提出了一个名为"二次竞争"的概念,这是指第一次竞争的主战场是销售点,第二次竞争的主战场为售后服务。商家希望用最具诱惑力、竞争力的承诺进行劝购,同时通过承诺买方及时、足量兑现的方式有效地塑造和提高企业的品牌形象,从而提高消费者的忠诚度,在服务方面凸显该商家和其他商家之间对比显现的优势,增强营销效果,以此获得差异化竞争优势。当然,商家在做出承诺时必须保证其真诚、严肃的态度,以及切实的可行性。

8. 创造情感环境

商家可以通过创造舒适、优雅的营销环境,为消费者带来愉悦的心情以及感观的享受,使消费者可以感到亲切,在这种服务环境中就可以激发消费者的购买欲,可以促进商家的销售。

(四)数据库营销

数据库营销指商家通过收集和积累用户信息,对信息进行分析筛选之后,有针对性地使用电子邮件、短信、电话、邮件等方式进行客户深度挖掘和关系维护的营销方式,如图7-8所示。

图 7-8　数据库营销

　　具有代表性的是深圳海岸城的微信会员卡,用户可以通过微信获取深圳海岸城的电子会员卡,商家可以更简洁和科学地掌握会员的地理位置信息、到店消费数据等情况,以此可以建立起全面、科学的会员数据库,并且便于管理。

　　用户只要使用微信扫描海岸城专属二维码就可以免费获得海岸城电子会员卡,会员凭此卡可以享受各种优惠特权。当获得电子会员卡后,用户便不用再随身携带实体会员卡,同时通过微信及时获取商家的优惠信息并享受特权。海岸新城已经和很多商家达成合作,在为消费者提供优惠的同时,为商家提供便利,如大饱口福、许留山、仙踪林等商家都已经和海岸城达成合作。

三、传统零售企业的 O2O 营销途径

　　根据第 42 次《中国互联网络发展状况统计报告》的统计数据,截至 2018 年 6 月,我国手机网民规模达 7.88 亿,上半年新增手机网民 3 509 万人,较 2017 年末增加 4.7%。由此可以看出,移动互联网已经成为人们日常生活的一个组成部分。在这样的环境下,很多传统零售企业开始进行 O2O 模式转型,开展 O2O 营销成为这些企业达成营销目标以及促进企业发展的重要途径。

　　近年来,传统百货零售商场的顾客流量明显降低,形成这一

现象的主要原因有两个。一是随着商业发展,商场出现了越来越多的新型模式,如购物中心、综合超市等,因为这些商业体的出现分散了传统百货商场的客流,但消费者的购物习惯没有因此受到影响;二是随着互联网的发展,电商成为人们青睐的购物选择,消费者的消费习惯发生了转变,相较于传统零售商场的打折促销等活动,消费者更倾向于物美价廉、方便快捷的网上购物,在这种新型消费模式的影响下,消费者的购物习惯受到了严重影响。

此外,还有来自供货商等方面的影响因素,使得实体零售企业的毛利率不断压缩,对企业盈利形成了严重阻碍。并且,随着销售渠道的不断增多,品牌商与实体商场之间的对抗更加激烈,这也对实体商场的运营造成了严重影响。

（一）优化和创新服务模式

零售业是社会再生产的终端环节,这个环节最主要的作用是尽可能满足消费者提出的消费需求,为消费者提供他们需要的服务。在市场变革中,传统零售企业获得新生的重点在于吸引消费者,维护和巩固消费关系,而这就要求零售企业回归零售业的本质,也就是尽可能满足消费者需求,优化和创新服务模式。

1.增强购物便利性

零售业的本质就是满足消费者的消费需求,而便利就是消费者提出的基本消费需求。因此,实体零售企业应该主动引进新型的互联网技术,以此提高自身的购物便利性,从而吸引消费者购买商品。

例如,沃尔玛作为一个大型传统零售企业,也在市场趋势下依靠互联网建立了自身的网上商城,消费者可以按照需求直接在网上商城下单,按照消费者所处位置和实际需求,可以选择由沃尔玛将其购买的商品送至距其最近的实体店中,再由消费者到店自取;或者也可以直接选择由沃尔玛将相应的商品快递到消费者手中,通过这种方式,购物的便利性得到了显著提高。

2. 提升客户的购物体验

随着互联网的发展,电商对传统零售企业造成了严重冲击。面临这一现状,传统零售企业应该充分发挥自身的体验优势,从多方位、多角度满足消费者的消费需求,以此建立更多更稳定的消费关系。

例如,传统零售企业可以将不同品类的商品进行合适的组合销售,这样可以满足消费者多样化的需求;优化店铺商品的陈列,以此从视觉上为消费者带来更好的购物体验,以此吸引消费者消费;为客户提供诚挚、热情的服务,通过这种方式拉近与消费者之间的距离,使消费者形成良好的购物感受,以此加强与消费者之间的联系等。

3. 创新服务形式

传统实体零售企业应该加强会员服务形式的创新,策划各种活动邀请企业会员参与,以此加强企业与会员之间的交流与沟通,提升会员对品牌的忠诚度,使会员对企业产生并不断增强认同感,通过这种方式还可以促进口碑传播。

(二)引入新技术

传统零售企业应该加强新技术的引进和应用,并以此作为依托更好地迎合全新的消费模式和消费习惯。从整体上说,主要可以从以下几个方面开展相关工作。

1. 通过微信进行营销

微信是我国当前最受欢迎的一个手机应用,是人们日常沟通最常用的即时交流工具,目前微信的用户规模已超过 7 亿,50%的用户每天在微信上消耗的时长达 90 分钟,具有十分庞大的用户基础。

传统区域零售企业应该把握机会,积极利用微信进行商品的推广与营销,将企业内部的 CRM 系统与微信对接,使微信用户可以通过企业的微信服务号及时掌握商家的营销活动信息,并且可以通过发放红包、优惠券、电子礼品等方式吸引消费者,引导顾客到线下实体店进行消费。如果可以实现企业内部 CRM 系统与微信的对接,商家可以为顾客提供自助办卡服务,这样可以有效降低店铺的服务成本,同时还可以提升顾客对商家的满意度。

2. 开展 O2O 模式，降低运营成本

传统零售企业的主要收入来源是顾客的店内消费。企业可以积极利用移动互联网及 O2O 模式,重新构建店铺的购物流程,还可以提升顾客的购物体验。企业可以在店铺内设置并推广移动 POS 及移动开单应用,这样可以减少相应的运营成本,从而为企业节省店铺开支。

3. 推进线上线下一体化

传统零售企业可以将线下实体店铺中销量高的商品在线上进行销售,这样可以提高购物的便利性。企业应该大力推进线上线下订单库存一体化的实现,推行全渠道营销,这样可以扩大消费者人群范围,使偏好网上购物的顾客也可以在店铺进行消费,这样可以有效地提高实体店铺的收益。

移动互联网时代的 O2O 模式虽然是一个新兴概念,但其本质仍然是满足消费者需求,为消费者提供服务,通过引进新技术、新应用构建全渠道营销,加强零售企业与消费者之间的互动,建立现代化的沟通方式。从整体上说,互联网 +O2O 意味着传统商业模式的转型。

第八章 "互联网+"战略下的市场营销新趋势

据数据显示,截至 2018 年 6 月,微信朋友圈、QQ 空间的使用率分别为 86.9%、64.7%,基本保持稳定;随着短视频和 MCN 机构的兴盛,微博在粉丝互动和内容分发等方面的价值进一步强化,用户使用率达到 42.1%,较 2017 年末增长 1.2 个百分点,用户规模半年增长 6.8%[①]。由此看出,在互联网时代开展市场营销活动,应该充分发挥粉丝经济和网红经济的力量。

第一节 "互联网+"战略下的粉丝营销

一、获取粉丝信任,为粉丝营销做好基础

（一）调动消费者的主动性

很多消费者对铺天盖地的广告感到厌烦,但我们应正确地认识广告,通过广告营销并没有问题,广告原本也是为了让消费者了解新产品和新服务。但是,很多广告却被人给泛滥地应用了,所以大多数消费者都会对广告敬而远之。随着社交网络的发展,越来越多的广告营销者开始正视新媒体对广告营销的侵入,他们认为社交网络是对传统广告的颠覆。我国主流社交应用使用状况如图 8-1 所示。

---

① 42 次《中国互联网络发展状况统计报告》[EB/OL].http://www.cnnic.net.cn/hlwfzyj/hlwxzbg/hlwtjbg/201808/t20180820_70488.htm.

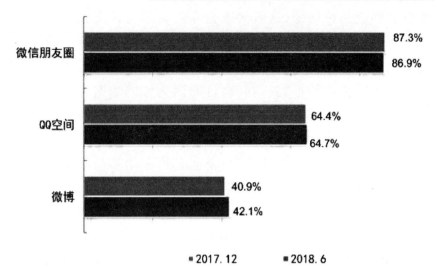

图 8-1　2017.12—2018.6 主流社交应用使用率[①]

实际来看,利用社交网络开展市场营销的本质也不是为了颠覆市场营销,关键在于让消费者更多地参与营销,让消费者掌握主动。更多的、更透明的、更理性的信息在互联网上公布,这会让消费者主动判断这些信息的真实性。社交网络更多的作用是补充传统营销渠道的局限,它不断扩大并发挥网络的优势,推动现代营销发展到新的水平。通过实践,企业会发现通过社交网络开展市场营销会与消费者构建更有趣的互动的关系:你的客户利用社交网络,可以跟每一个对你的产品、服务和品牌有兴趣的消费者交流。你不能直接控制这个过程,你的邮件或者信息只能成为其中的一些对话,供你的客户选择。这是一个群体,你可能得到邀请,也可能被拒绝。

在实际生活中,无论什么关系,你都很难轻易获得别人的认可和同意,但是只要你参与了,那么这就是开始。但问题是你没有参与,也没有关注对话,尤其是在你已经面临危机和问题的时候。不得不说,作为企业,你已经落后了。

企业需要知道的是,消费者会因为企业的产品或服务在社交

①　42 次《中国互联网络发展状况统计报告》[EB/OL].http://www.cnnic.net.cn/hlwfzyj/hlwxzbg/hlwtjbg/201808/t20180820_70488.htm.

网络上形成某种话题,这就要求企业主动参与社交关系,因为如果你不参与就不会知道这些话题,当然也不会成为其中的一员。试想如果你选择了不参与,就等于认可了消费者的行为,这也就等于放弃了企业的影响权利,而这时因为你的缺席,最终形成的社交网络信息和品牌形象就完全是消费者的声音,而那可能是好的,也可能是坏的,甚至是很坏的。

企业应有一个清晰的认识,企业必须主动参与社交网络,因为企业可以通过电视广告让客户看到自己,但是社交网络不可以,企业只有主动参与社交网络,才可以让消费者看到你。所以,如果想做一个百年企业或者成功品牌,参与其中显然是一个明智的选择。但如果要参与其中,你就不得不了解一些基本的知识,比如"社交媒体"和"社交网络"。

（二）经营粉丝

如今,社交网络盛行,企业开展市场营销并不仅仅要创造和经营内容,同时还必须关注社交网络中的人。对于企业而言,更关键的是这个"人"是不是你的"粉丝"。这个主体是社交网络中的人,也是你的粉丝。这个人,不仅指名义上的粉丝,还有那些与你有关的、暂时还没有关注你的,但在社交网络上与你的关键字匹配、与你的相应业务场景对应的人,他可能已经是你的粉丝,可能还不是你的粉丝。所以,在企业的社交网络运营中,关注你的粉丝不是一切或者主要的,而是你的社交联系"人"或者社交"消费者",这才是大粉丝的概念。

企业在社交网络中采取的一切行动都应以获取人们的信任为目的,因此,建立和维护信任关系十分重要。如果在这里面的人们说的内容是有效的、真实的,即使你参与进来也只能是有限地影响而不是控制,这似乎看起来很可怕。其实,我们要学习如何在社交网络上有效地"影响"他们,这不仅是在事件发生的时候才去行动,而是从一开始就要有效地创建一个重要的、可以防御的社交网络阵地,这里面更多的是你的客户和粉丝的声音,那才是你真正的"核武器"。

基于此,如何影响人群成为企业开展市场营销的关键。既然企业无法告诉社交网络怎么说怎么想,那么,就不如来认真地倾听社交网络、利用社交网络,并从中吸取经验教训。所以,社交网络的特征之一就是企业可以倾听、参与、衡量、跟踪它,并且企业还可以与社交网络互动,随着时间的推移,企业可以对自己所学到的经验进行不断的修改和完善,然后企业就会明白应该在社交网络上提供什么,并逐渐学会如何影响一对一的社交对话。

由以上分析我们可以看出什么才是社交网络的核心,应该怎么做才能将社交网络作为一种有效的营销工具。社交网络是一个自然形成的、基于人群相互之间真正感兴趣的话题的交谈圈。如果你试图用各种权势、胁迫和控制等手段来影响结果,那么这种结果即使存在也是毫无意义的;你需要的是用透明的方式,找到"人",那些可以"影响的人群",引导他们在社区中积极地交谈,然后再对其产生的对话不断改善。

（三）经营内容

信息技术的发展使得信息传播的方式发生了改变,随着移动互联网和社交媒体的不断发展,纸媒受到了严重冲击。在信息化时代,我们的交谈已经不再仅限于身边的人了,我们开始搜索和选择话题,甚至直接与这些话题的专家、作者、编辑等进行交流。当然,如果我们喜欢正在读的杂志或者报纸,就会一直购买它;如果不喜欢,我们就会停止购买或者切换到电视频道。可以想象的是,当后者情况出现时,广告业主会撤销他们在杂志上的广告,从而导致数百万的出版物取消出版,你会发现一个出版商因为失去消费者而逐渐退出市场。

社交网络的出现使得原有的信息传播和获取方式发生改变,在内容方面,利用社交网络可以花费很低的成本去创建一些让人们喜欢的、有价值的消息内容。它也使我们不再只是通过出版物与作家、编辑进行沟通,更关键的是可以和世界各地的人进行交流。现在每个人都可以申请一个博客网站或者微博账号，或者开通一个微信或易信的公众账号，然后可以添加文章或者视频。而且，每个人都可以评论其内容，影响它的风格和出版方向。

这就是社交媒体及其带来的内容革命。如在全球备受关注的 Facebook，其本身并不是一家出版公司，也不创建任何内容，但是却成为网络时代内容传播的重要载体。Facebook 不发表任何文章和帖子，也不上传任何影片或者图片，它只是让用户按照自己的想法去设计自己的主页。当然，每一个人撰写文章后，都希望他们的朋友或者读者能够在文章的底部留下他们的意见，从而围绕这些争论点撰写新的文章和添加新的信息。

微信和易信是移动社交的即时通信应用，用户除了可以即时沟通外，还可以通过在朋友圈发布内容进行信息的分享和传播。虽然移动社交更多的是一对一的私密互动，但通过朋友圈这个具有媒体属性的功能，可以在强关系网络中传递和传播内容，即使传播数量不及微博等社交媒体，但到达率和打开率都遥遥领先。

这是社交网络时代的虚拟社会形态，在这个虚拟社会中，参与的条件就是在社交平台上发布消息。成功使用社交网络不仅是添加内容、他和她之间的交谈，还需要创建社区来进行交谈，这才是社交网络的美妙之处。是否达到这个目标就在于人们在该社交网络的参与程度如何。当这些关系被运用到商业中时，就可以有效地促进品牌的忠诚度。

社交网络带来了巨大用户流量，并且在社交网络中有大批受过高等教育、享有高薪的用户，有很多不同领域的专家聚集在这个虚拟社会。企业需要很清楚，社交网络为企业提供了一个巨大的机会，一个去推广其产品、确定他们想要达到的市场范围，以及重构与消费者之间的信任关系的机会。

对于企业来说，必须充分认识到社会网络的核心是粉丝和内容。社交网络是以个体为中心，由用户创造内容的平台。首先是用户，其次是内容，二者缺一不可。企业的社交网络运营是经营粉丝和内容，内容包括定调性的资讯、基本面的商业、促销类的活动以及阻击类的竞争对手等,而粉丝是互动、分类和持续跟踪的对象,基于信任程度和社交管道进行可持续管理。

当然企业通过社交网络开展粉丝营销的过程中,需要对各种网络资源进行合理整合,人是内容的源泉,要通过恰当的方式影响人群、聚合人群;人创造内容,分享内容并利用内容。现在我们看来,企业有效地利用新媒体,本质上是一个整合的问题。你的企业可能已经进行整合营销很多年了,社交网络只不过是与其他营销工具一样的新的渠道,渠道可能会有所不同,但是你仍然需要将它计划在你的业务策略和活动目标的背景下,将目标客户转化为品牌的粉丝并与多渠道进行有效的整合。

二、和粉丝互动的特点

粉丝经济的核心就是粉丝的互动和参与。缺少粉丝的互动,粉丝的信任关系就不会存在;而缺乏了信任,品牌社群也很难建立起来。与此同时,建立了品牌社群后,粉丝的互动也是品牌社群中的关键内容。因此,基于当前最流行的移动社交工具,研究粉丝互动的特点就显得非常关键。

下面以微信为例,进行相关分析,由此总结出粉丝互动的四大特点:快速、碎片化、信任和平台。

(一)快速

1. 即时

即时与随时的区别就是"随时"强调的是任何时候,而"即时"指的当下,也就是指消费者在当下,可以即时即地地进行相关动作,需要即时做出反应。

"即时",体现了粉丝主导的核心,突出了粉丝的个体主动性,整个动作是粉丝当下发起的拉式的动作,而且因为是当下,所以企业不知道什么时间什么地点,包括时间的长短,因为这是个碎片化的时空,碎片化的动作。

经过移动和社交变异的 MSIM 工具,如微信所提供的新商机与以往有所不同,消费者需要即时即地地接入,也改变了先前传统的企业与粉丝的接触方式。

在社交网络时代,粉丝更为关注的是主导权,更加突出以个体为主导,在消费关系中更加强调:即时交互、随时比价等。实际上,他们对于企业之间的信任度、隐私权、尊重感等更加个体的体验更为关注。

个性化和即时即地是移动社交时代的关键。在时间和空间方面,粉丝们的要求越来越高,而且越来越要求掌控权。即时的程序可能性是:接触—发信息—互动—交易—互动。

如微信的询问,带上一个位置信息,就能帮助消费者找到最近的咖啡店或必胜客;如果消费者感觉文字不利于感官的理解,那么就可以使用语音交互的方式进行查询。消费者只要有需求就可以即时的发起,就看企业能不能精准地抓住机会向客户提供相对应的服务来满足他们的需求。

2. 交互

社交的核心就是交互,所谓的交互,也就是进行交谈、交流。传统社交关系,是一种人际关系处理得很好的人的活动。而社交网络中,交互也是关键所在。但这个交互,处在可以产生信息的移动互联网平台上,因此比之前有更多的特殊性。

首先,粉丝成了交互的主导权;其次,交互有了方向,分别是入口和出口;再次,交互有索引,与方向相对应有入口索引和出口索引;最后,具有信息属性的交互会因为交互的内容而有标签。

从许可营销和客户驱动的角度而言,快速获取信息是根据消费者进行查询或者索引以快速获取信息。只是这个快速,需要对信息建立标签,包括内容方的信息和消费者的需求信息;同时,基于这个标签体系,建立对话的入口索引(消费者咨询或求助)和出口索引(内容方的输出和交互)。

当建立了标签体系、入口和出口索引后,强大的自助服务体系也就可以建立了。在过去企业总是大包大揽,提供相应的产品和服务;现在,自助服务更容易受到粉丝的关注,他们要求掌握控制权,他们的时间希望在碎片化时间内尽快自主地完成所需要的服务。

自助服务需要满足粉丝随时随地的需求,要让他们具有强烈的控制权,可以实现全天的客户服务,这才是消费者需要的。

3. 私密

对于大多数的粉丝而言,当前互动的渠道首选是微信,其次是微博,最后是论坛。然而,不同渠道在私密程度上也有所不同。微信和易信的本质是 IM,无论其经过了 Mobile 的变异还是 Social 的变异,IM 的核心是一对一的私密通讯,变异后核心功能还是一样;从私密角度而言,微信是以手机通讯簿和 QQ 好友为基础的拓展,这就保证了强关系的发展,这与通过媒体和意见领袖的模式,即基于弱关系的发展迥然不同。

当然,开放和私密的关系是相辅相成的。从技术上讲,开放和私密微博都兼备,只是由于新浪微博过于秉持媒体的本性,通过新媒体、意见领袖和大号等方式快速发展和膨胀,忽略了微博私信方面的私密性。这跟微博和微信的本质是有一定关系的。

从粉丝运营角度说,微博传播将无关系变成潜在关系,基于微博和微信的交互可以将潜在的关系变成弱关系,基于微信的强大交互功能提升与弱关系的一对一的信任关系和情感层次,达到强关系后,再以一对多的朋友圈和微博传播分享出去,效果最好。

同样的问题,微博如果能够对信任的重构做到重视,对于意见领袖和大 V、大号的媒体特征逐渐淡化,重点针对一对一的交互和点对点的传播进行强调,重视现实群体的协作,鼓励越来越多的企业和粉丝的共同参与,或许会有出乎意料的改变。

（二）碎片化

1. 碎片

多数情况下，品牌与粉丝之间的互动信息是一个碎片化状态，尤其在微博和微信上的互动。虽然微信的接口传递信息相对较少，但微信是信息的出入口，因此对企业来说，庞大的商机隐藏在微信带来的数据机会中。

根据微信与二维码的实践情况来看，社交图谱（人的链接和信息的流动）和实体图谱（物体的链接和信息的流动）是相互融合的状态。就微信的目前情况而言，尽快建立对内容的索引机制，是一个比较紧迫的任务。

从互惠互利的角度分析，当前的 O2O 还处在初级层次。从消费者生命周期管理的角度看，O2O 营销可以大致分为六个层次：客户接触、客户识别、单次促销、差异化营销、自营销和大数据营销，同时相对应的关系强度有六个阶段：无关系、潜在关系、弱关系、强关系、长关系和亢关系[①]。

2. 语音

从粉丝互动的相关效果来看，人与人之间的影响，视频的效果要超过声音，声音的效果超过图片，图片的效果又比文字有感染力。从信息量角度而言，人更容易对视频中的信息和内涵快速做到把握，能否识别声音中的情绪，通过图片把握核心信息，而文字则是最弱的信息传递方式。

因此，从客户体验的角度出发，企业运营的案例大多通过制作视频发布到视频网站，再进行推广、传播。而 Twitter，近期推出的 6 秒视频功能，达到了很好的视频社交效果。同样，微信的风靡有一部分原因也来自于其语音对讲功能，该功能也是充分利用了语音社交带来的客户体验。

---

① 叶开.粉丝经济[M].北京：中国华侨出版社，2014：53.

　　一般来说,粉丝会被文字吸引,不过能给粉丝带来情感体验的更多是语音和视频。从传播角度而言,基于语音和视频的社交,其情感体验以及信任体验远远强于文字的体验。

　　微信的一个优势就是适用于任何智能手机,基于 App 形式,不论是苹果、安卓还是微软手机上都可以存在。唯一的问题就是,它不适用于非智能手机。但同样,即使有大多数的消费者用智能手机,他们也有拒绝使用微信或其他软件去和陌生人对话的权利。

　　由于语音文本识别的技术不是完全的成熟,类似语音助手的应用目前还在初步应用阶段,不能进行复杂的文字识别。不过,在语音情感识别方面却已经比较成熟,基于语音的音强、音长、音质、音高等可以进行语音方面的情感识别,通过情感识别,来对语音进行分类或打标签。

　　3. 移动

　　移动粉丝互动的碎片化,简单而言是指时间和空间上的碎片,而移动通讯智能客户端创造出了新技术:可以随时随地地对粉丝进行定位。但是必须清楚,这种接触一定是在客户许可的前提下进行,确保客户的隐私和信任不受到伤害。因此,微信不仅要设置隐身和不公开自己的位置,还有一种许可的触发机制,而不是简单的两种设置而已。

　　如果位置营销得到好的利用,对企业和消费者来说,具有双赢作用。它不仅为品牌提供了定位粉丝的功能,而且让粉丝随时随地找到他想去的地方。缺乏隐私和安全的保护,位置营销会让人反感,就像被跟踪一样。要知道,这样的消息都会具有侵犯性,有的人接受,有的人反对,所以这时企业需要把客户喜欢的人以及消息进行分类搜索。

　　因此,对于位置服务,企业要构建拉式索引服务或者许可触发服务。

　　移动智能手机让二维码也快速发展起来。微信结合二维码的"扫一扫",实现了 O2O 的多种功能,使其受到众多企业的热捧。但我们前面提到，O2O营销分为六个层次：客户接触、客户识别、单次促销、差异化营销、自营销和大数据营销，现在的微信二维码只实现了前面三个层次的营销功能。

微信O2O营销的关键在于：信任、许可、最佳时间和地点，适当的等待而不是主动出击。对于企业来说，信任、许可是很重要的。当然，也不能贸然地主动出击，过多的推送只会将消费者推开。

（三）信任

可以说，信任是品牌与粉丝互动的目的和基础，与粉丝互动可以建立信任，而互动的过程中，信任是源头。

1. 关系

从品牌角度来看，无论是QQ还是Facebook，粉丝好友都是一个静态的点，最多给自己的粉丝好友分组分类，但对一个粉丝进行关系强弱的标识却没有那么容易。

人之间的关系也是有强弱、分层次的，有时候在现实社会中有着很严谨的规则。这就涉及朋友圈和群组。由于关系是有分类和层次的，因此朋友圈也需要有分类和标签，不能混为一谈；群组需要有属性或主题，以便对人群或内容进行过滤和控制。

在微信上多强调的是一对一的交互，因为交互而带来关系转化和信任提升，从而在营销上实现转化率的提高；而在微博上，目的往往是传播到达，忽略了到达后的持续的一对一交互，但一对一交互的关键往往是建立信任、实现价值转化。如果微博补充这部分内容，也可以实现较高的转化率。这就是Social CRM的存在价值。

如果要对社交信任关系进行一个衡量，可以尝试一下这个公式：关系回报＝（相关性＋时效性＋空间性）× 信任系数。其中，相关性为内容和属性的相关程度，时效性为与好友的关系时间和互动频率，空间性为与好友的空间距离，而信任系数则为关系强度的权重系数转化。

2. 许可

早期鼓吹微信营销的人经常说"微信是真正的许可营销"。其实只是他们将客户识别和客户许可混为一谈了。消费者加入你的微信，只是加入和让你识别他，并未许可你任意推送消息，这与许可营销不是一回事。

客户许可的一般步骤：一是激励或者吸引，通过促销、送礼品等方式吸引客户进行许可；二是交换，通过订阅或参与营销活动获得某种权益，由客户设定许可的规划或主题；三是自发推荐，鼓励或者设定条件激励消费者自发地推荐。

许可，不等于接入，而且要给粉丝 opt-in（选择性加入）的许可选项，包括渠道、时间和内容范围，而这个内容范围即相关内容的标签。所以，出入的内容都应该有标签，没有标签就无从认知是否属于许可的范围。

企业应该时刻明白一个关键所在，就是有没有进一步了解他们的需求、许可的渠道和时间，然后再进一步发送个性化的、差异化的消息。

客户许可是微信营销的基础，但是加入仅仅是一个开始，这是最关键的原则：每一个消费者都不希望被打扰，包括你自己。

3. 协作

粉丝互动需要社群内共同参与、共同协作。作为一对一交互的社交工具，部分协作功能在微信的群组、朋友圈等功能有了实现。除了群组的文字沟通，现在还开通了群组的语音沟通，未来再结合富媒体或多格式文件的即时共享，可以形成一个基本满足企业协作的平台。

企业联盟之间的促销、数据和动作的联合也属于协作之内。比如通过统一的微信会员或微信支付，形成客户信息的分析和交叉利用、基于整合数据的联合促销、内容服务和物流等服务的协作等，从而分摊客户关系开发的成本，提供新的对话和接触的机会，提供分享收益的机会。

（四）平台

品牌与粉丝进行互动，需要有一个相应的平台和体系。仅有通道的互动是远远不够的，还需要对平台进行相应的整合，这就包括对多个互动渠道进行相关整合，以及延伸到服务层的互动、协作平台的互动。除了对话之外，还包括物联、服务和协作，它们都是互动的一个类型。

1. 整合

整合是粉丝互动的一个特点。从互动的社交通路角度来讲，微信会成为通路上内容和人的出入口，通路是搜索和索引；人，通路是关系和属性、群组。从移动智能终端的角度，微信成为人的一个影子，因此又成为协作和交易的出入口。

其实，作为一个最佳的促销票券整合点来说，微信再合适不过了。实现识别并储存和管理各个商家的票券和促销活动，进行提醒、使用和分享、推荐等动作，甚至通过 LBS 等预设条件进行触发和更新，都能通过微信进行。

现在有越来越多的类似 MSIM 的应用软件，从飞信、到易信，相信新的社交软件还会不断产生。但合并是未来的趋势所向，不是创造更多的 IM，而是创造出一个融合的大家庭。

在互动过程中，粉丝虽然依赖于不同的社交交互工具，但人与人之间的交流是一种自由交流，这就需要克服语言工具所携带的障碍，对于文本向语音以及视频的深化进行相关的处理，还要处理不同地方语言、国际之间的人与人的交流。

作为整合的基础来说，微信的插件生态有着很关键的作用。

插件可以在第三方系统平台的整合通路上进行定位，如此一来，就涉及关于数据的整合。针对第三方的外部相关数据，微信该如何进行整合，是通过 webservice 进行整合，还是通过外延数据库进行整合，或者通过云数据平台进行整合，这是一个需要深入思考的架构问题。

当然,对整合模型的相关设计,是数据整合的一个关键所在。外部的数据源可能是关系型数据,可能是非结构化数据,可能是文档文件,又可能是云数据服务,因此,能够有效地融合各种不同来源数据的一个关键点,就是针对主数据的模型和扩展模型进行相对应的设计。

2. 服务

微信最需要解决的一个问题,就是与手机QQ定位存在很大差异的问题,其实像微博等类似的应用也都需要解决关于定位的问题。眼下,大部分的设计和定位都是围绕个人消费者展开,而涉及企业的却少之又少,它们只是延续了互联网的那套广告服务。所以,无论对于个人还是企业来说,用新创意重新设计服务的角色迫在眉睫,刻不容缓。

企业应用市场由感知层、通讯层、平台层、应用层、服务层5个层次共同组成。而对于微信和微博来说,它们都在应用层,关于它们的下一个计划,要向哪个层次继续延伸,这将是一个很宽泛的定位问题。

在通讯服务中,微信可以提供基础的语音对讲、语音群聊、视频对讲等功能,而语音对讲中的关键词过滤、同声传译、语音情绪判断等增值功能,则可以由第三方ISP来提供,而它们又是仅仅依托于语音通讯基础服务的。

三、粉丝营销的途径

（一）以粉丝为基础开展口碑营销

企业生产产品应该将其作为一个有机的生命体,产品的设计和生产并不是一劳永逸的,也没有绝对的标准衡量什么样的产品才是"正确"的产品,有的只是不断完善和迭代的过程。产品因用户需求而产生,也随着用户需求的变化而成长。也就是说,产品的真正主人是用户,而运营者只是循着用户需求的线索去还原产品。虽然这样的说法听起来不好理解,但是当企业的所作所为全都以用户为中心,时刻关注用户想法时,这样的感受就会变得自然而然。就像乔布斯说的那样,用户并不知道自己想要的是什么,他们只会抱怨。而用户抱怨正是企业创新的源头,什么样的人才会对你产生抱怨呢,有句话叫作爱之深恨之切,这就是说会对你抱怨的就是你的忠实用户,你的粉丝。因此,一个产品的成长,就是粉丝参与的过程,而运营者需要做的就是了解、倾听、洞察、实现和完善。乔布斯从来没有做过市场调查,也没有为自己的产品聘请过任何咨询公司,但是苹果向来重视用户的反馈,所以几乎每向市场投放一款产品时,它都会向用户发送调查网页。

当前,粉丝在产品的成长过程中有着重要作用,他们不仅仅帮助企业一起完善产品,还推动企业的产品走向大众市场。如今粉丝所代表的是一种用户潮流,就是参与化、尊重化及圈子化的用户集群。对营销者而言,如果想要使自己的产品拥有广大"粉丝"市场,就必须理解它所面对的消费群体,并且需要与这个群体建立长久的供求关系。

企业开展粉丝营销,应该从口碑营销入手。口碑营销最早是通过朋友口耳相传的方式来进行的,后来随着媒体业的快速发展,口碑营销也开始发生变化,但其优势却没有改变,依旧是成本低廉、效果显著。

口碑营销的一个重要特征就是低成本,和媒体营销这种营销方式相比来看其成本低很多,企业甚至可以在不消耗成本的基础上开展口碑营销。优秀的口碑营销大部分都是利用比较完善的策略来以小博大,但所收获的效果却比其他广告方式高出很多。谈到口碑营销,很多企业在认识上都是错误的——这些企业认为制造优质的商品,让消费者满意,树立良好的口碑,令消费者口口相传就是口碑营销。实际上,制造优质的商品、让消费者满意只是优秀口碑营销的最低要求。口碑营销作为一种营销形式,其中自然包含一些市场营销的战术和技巧,对此,一些企业又产生了一种极端认识:口碑营销就是制造出一个噱头进行大肆炒作。其实,这些都是对口碑营销的错误认知和判断。企业不应只将口碑营销当作营销战术,而应将其上升到战略高度来认真对待。在当今信息有许多传播渠道,传播速度极快的时代中,一个影响恶劣的口碑营销事件很可能毁灭掉一个企业或者品牌,所以企业必须将口碑营销纳入企业发展的战略规划之中,利用战略的思维方式和谨慎的态度来操作口碑营销。企业开展口碑营销应该做到以下几点。

1. 企业开展口碑传播应该懂得借势

口碑营销相较于其他传统营销方式,最显著的特征就是以小博大,也就是利用低成本获得高收益,因此在操作时要善于利用众多强大的势能。企业可以借助自然规律、政策法规和突发事件,甚至借助强大竞争对手的势能。美国的瑞克影音唱片公司由于侵犯了一家行业巨头的著作权,被对方起诉。而这家唱片公司发现,与行业巨头扯上关系对自己的好处是非常大的,于是,这家唱片公司决定与这家行业中的领导企业对簿公堂并大肆宣扬,虽然两次败诉,却仍然坚持上诉。虽然最终以败诉告终,但这次蚂蚁与大象的对决引起无数人的关注,这家名不见经传的唱片公司也因此一举成为美国的知名公司。

美国高地地区能够生产出味道甘甜、口感清脆的苹果。虽然这种苹果受到人们的欢迎,但是当地气候无常,很多苹果会因为冰雹气候而面目全非。这就导致这种苹果的销售价格即使被降得很低,也依然无人问津,最后当地商人想出一个点子,然后开始对外大肆宣扬:"正宗高地苹果都带有冰雹打过的疤痕,没有疤痕的肯定不是正宗高地苹果。"经过这样的宣传之后,带有疤痕的高地苹果马上被销售一空。显然,这就是利用自然势能,将不利因素转化为有利因素的经典案例。

2. 企业开展口碑传播应该注重利益的连接

人们通常会将关注点放在与自身利益相关的问题上,而这也是企业开展口碑营销的重要着手点。所以,口碑营销应该利用传播内容当中的利益与目标受众紧密地联系起来。例如,美国一家生产饼干的企业为了迅速击败竞争对手,举办了海量饼干派送活动。竞争对手因此指控其不正当竞争,随后工商部门对此介入调查。因为饼干派送与消费者的利益相关,因此,众多消费者对此事件的发展极为关注。于是,这家企业便发动消费者,并博取大家的同情和支持。此举果然见效,甚至有人还用游行的方式支持该企业。虽然最终赠送活动被叫停,但该企业的知名度和声誉度得到了显著提升,产品销量也随之大幅提升。

3. 企业开展口碑营销必须保证内容的新颖性

人们会将口碑营销称为病毒式营销,就是因为其核心内容是可以"传染"受众的病毒性事件,而且病毒威力的强弱会直接影响到营销传播的效果。在当今这样一个信息爆炸、媒体泛滥的时代,消费者对广告和新闻都具有极强的免疫能力。因此只有不断地制造内容惊奇的口碑传播才能将大众关注与议论吸引过来。海尔集团董事长张瑞敏砸冰箱事件就在当时引起了大众热烈的议论,海尔也因此获得了极高的美誉。但之后又传出其他企业也有类似的行为,却没什么人再去关注。因为大家只对新奇、偶发和第一次发生的事情感兴趣,所以,口碑营销的内容必须要新颖奇特。

当前买赠式的促销方式已经成为最基本的营销手段,这种促销手段的效果不再像原来那么明显。但是在买赠促销形式刚刚出现时获得了前所未有的成功。16世纪时,在英国的一个小镇上,由于果农们种植了大量葡萄并且获得了丰收,造成葡萄价格的降低,而尽管当时的价格已经很低了还是有很多葡萄卖不掉,甚至有些葡萄直接烂在了果园里。后来,一个庄园主想到了一个办法,他从外地购进了一批苹果,并宣布顾客每购买3千克葡萄便可以获赠2个苹果。当时,苹果是很昂贵的水果,这个小镇又不是苹果产地,加上运输困难,当地人几乎见不到苹果。庄园主的这个举动很快引发了镇民的抢购,葡萄最后被销售一空,他还从中大赚了一笔。这是最早的买赠式销售。后来，由于大家都开始采用这样的促销方式，使得消费者习以为常了，买赠促销方式也失去了当初强大的威力。由此可见，新颖、奇特是口碑营销必不可少的一个因素。

企业开展社会化营销，根本目的是利用众多媒体推广产品、观察产品所形成的口碑，对老用户进行维护及发掘新用户。当前，我们已经来到了粉丝经济时代，内容碎片化成为一种主流趋势，这就需要企业必须准备大量内容不停地在网络上发布才能满足大众的期望。

利用传统媒体开展市场营销时，通常会选择优秀的媒体进行产品或服务的推广宣传，但是利用社交媒体开展市场营销的关键在于"社交"，它的出发点是引发用户的讨论。社交媒体宣传和推广的内容是由产品与用户一起打造出来的，发布内容是为了引起别人的共鸣，进而进行分享产生更多内容，其目的不仅仅是将文章写好，更重要的是引起"社交"。

此外，企业生产内容还会涉及怎样对产品的性格特征进行定位才能有利于产品推广；怎样进行产品推广，应该从哪里下手，这两方面的问题。企业基于粉丝开展口碑营销必须重视这些问题。

如企业利用微博开展市场营销时应注意，发布的内容要做到图文并茂，这样用户才会更喜欢，用户喜欢自然会帮你宣传。产品如果得到了用户的正面宣传，无疑胜过企业自己的宣传。观众的口碑抵得上铺天盖地的宣传，大家说好才是真的好。

社会化营销产生了粉丝，粉丝则促进了社会化营销工具的升级，而且粉丝能够使信息再次传播，这就是口碑传播。因此，想要做好粉丝营销，首先要做的就是口碑营销。

（二）利用微信开展粉丝营销

微信虽然是一个即时通信工具，但是其功能很强大，好友圈、公众号等功能为企业开展粉丝营销提供了重要平台。目前，微信朋友圈在人们的生活中发挥着重要作用，用户可以将自己的照片、状态等在朋友圈发布,可以在朋友圈里分享文章,这使得微信成为一个企业偏好的宣传阵地。

企业开展微信营销会十分重视"微信营销运营如何提高粉丝数量"的问题。微信5.0将微信菜单接口完全开放,用户直接申请就可以使用,因此接下来的问题便是微信营销运营如何吸引更多的粉丝了。

企业能够通过微信公众号利用后台用户社区和园地控制实现精确的消息推送,而普通公众账号只能群发文字、图片和语音三个类别的内容。认证之后的账号则有更高权限,其不仅可以推送单条图文信息,还可以推送专题信息。企业微信公众平台是为了给予目标人群信赖和依赖,如何去做是一个关键问题。微信营销运营有着自己的规律,而微信时代下的粉丝营销也有着与微信营销一样的规律。

企业利用微信开展市场营销需要一步步来,首先需要做的就是申请账号,然后取得认证,接下来通过微信公众账号来吸引人群关注,从而与之建立关系。但是,单凭一个微信公众账号对做好微信营销来说还过于单薄。运营者可以基于微信公众平台进行开发。比如,定制接口开发、微网站等。这样做有利于让整个公众平台看起来别具一格,带给粉丝独一无二的感觉,从而使微信营销的公众账号受到更多人的青睐。

当前有很多学校为了更好地向学生提供学习帮助,逐渐将微信作为一个教育辅助手段,例如学生可以利用学校的微信进行在线翻译。很多企业的微信账号则具有股票查询功能,还有一些美容院可以通过账号查看星座运势及皮肤指数,这些都是一些小功能。招商银行的余额查询功能、星巴克的自然醒功能等就显得个性化多了,这些都是有针对性地对用户量身定制的功能。当然这些还只是在功能方面,内容方面更要以粉丝的需求为主。粉丝想看什么内容就给他们发送什么内容,其只需要输入命令便可以得到相应内容。比如粉丝输入"你好",就可以看到相关的介绍;输入"联系方式",就可以查看准确的联系方式和地址。这些功能与内容的关注重点就是目标人群的需要，运营者需要考虑的是如何可以让他们更加依赖企业。另外，企业开展微信营销必须抓住重点，要在营销中做到主次分明，这样才能使接下来的工作有条不紊地进行。

企业利用微信公众平台开展营销活动能够做到维护老客户的同时开发新客户，相较于其他营销方式而言，在客户维护和开发方面具有更好的效果。但企业在进行微信营销运营时，必须清楚首先是维护老客户还是开发新客户。

此外，企业在生产微信内容的时候一定要专注于引起客户的注意，并且要抓住客户的心，让客户看到内容时有一种身临其境、看不够的感觉，要让客户通过微信内容体验到其中无穷的韵味和精彩纷呈的情节。毕竟"文似看山不喜平"，只有好内容才能够让粉丝爱不释手。很多企业的微信号都会为新老客户推送新奇、有吸引力的内容，因此这里首先要考虑的就是这些内容是否能引人入胜，使客户按捺不住地去浏览你的微信内容。企业公众账号只有产生更鲜活和更接地气的内容，才会显得更真实、更具亲和力。在进行内容推送时，应该重视内容的主题性和策略性，不能今天是论坛营销，明天是微博营销，后天又变成微信营销，一定要系统性地推送。当然，特殊行业可以每周推送的次数稍微多一些。

此外，企业还应该重视活动的作用，活动是目前最具人气的一种售卖方式，因为无论是送奖品还是共同参与话题的探讨，都可以大大地提升粉丝的增长速度。通常营销领域都是以书籍赠送为主，这样即使分享到朋友圈，起到的推广意义也不会太明显，但可以增加粉丝活跃度。快销品和餐饮行业通过活动增加粉丝的速度明显比其他行业要快得多，免费试吃活动便可以推动粉丝将其分享到自己的朋友圈，假如朋友圈的粉丝一同到店照样免单，那就更疯狂了。活动营销最重要的是符合受众的需求，而人群效应则是口碑爆发的前提。这同企业的微信营销运营模式也是大同小异的。企业可以通过一些活动来提高自己在粉丝心目中的地位。

企业必须将重点放在客户身上,无论是为了跟风营销,还是为了造势,在利用微信平台开展营销活动时都应该将引起粉丝的关注作为重点。除此之外,企业还要利用位置签名和推销企业二维码等多种方式对企业的微信内容进行推广。企业可以加大相关活动的展示,在能够进行推荐的地方大力推荐,做到活动要丰富多彩,展示要不拘一格,这样才可以引起粉丝的关注。目前主要的操作手法是立体式推广,即线上线下同步进行。其意义就是可以与粉丝进行面对面的交流,这样做更容易加强粉丝的忠诚度。

微信营销当前已经成为各企业采用的营销方式之一,在微信营销运营过程中,企业要不停地找到问题、解决问题,以便找到行之有效的解决方案。企业目前拥有的最好机会就是微信营销,而合理发布营销信息才能够使服务与营销并行。企业微信营销要合理地建立客户数据库,进行数据分析,做好持续营销和口碑营销。另外,还可以通过互动沟通和精细化管理粉丝,使企业的客户数据库得到不断更新和丰富,使得目标客户群不断清晰和目标化,让推广和广告都能够科学地、有针对性地投放,最终实现良性循环,这样也可以使粉丝的分类更加完善。

微信还在不断发展中,当前来看,微信的功能性相较于刚上线时已经丰富了很多,而之后微信的多样价值会越来越多地展露出来,为了更好地使粉丝分类多样化,企业不能再只是针对性别和地域等分类,还要挖掘其他便于分类和营销的东西。

第二节 "互联网＋"战略下的网红营销

一、网红经济的特征

(一)专业化

在网络环境下形成了一个全新的社会形态——网络虚拟社

会,在这个虚拟空间,擅长"吐槽"、搞笑成为重要生产力,目前在社交网络上就有一批以此为卖点的网红,如"同道大叔""小野妹子学吐槽"和"Papi酱"等。靠着短视频"吐槽"在微博成功汇聚大量粉丝的最为根本的原因是:原创成为网红经济的新势力。"Papi酱"是中戏导演系的学生,其每一部视频都经过团队严格的策划、拍摄和剪辑,并不是以往随便拍几张照片就能网罗粉丝那么简单。随着市场的成熟,仅凭"网红脸"刷淘宝店的模式将受到挑战。未来网红经济将日益细分和差异化,类似"Papi酱"这样的优质原创内容会越来越多。

(二)视频化

在我国,短视频的发展史较短,微视在推动我国短视频发展中起到了重要作用。其于2013年9月上线,2015年3月被宣布战略放弃,虽然只有不到两年的寿命,却用海量广告砸出了号称4 500万规模的用户,并培养了短视频领域的第一代UGC们,比如能扮丑、能卖萌、能搞怪的黄文煜。黄文煜坐拥几百万粉丝,当时还是一名大学生,工具虽然是简单的手机,却已经能解决拍摄、剪辑、配乐、上传等一系列问题。两三年之后,智能手机和Wifi普及,4G时代强势升级,短视频终于迎来了前所未有的春天。早在N年前美国的各种达人就在Youtube视频化了,美妆达人Michelle Phan都不知道火了多少年了,而中国的优酷土豆这么多年也没培养出一个达人,可见科技是第一生产力。

据数据统计,截至2018年6月,网络视频用户规模达6.09亿,较去年末增加3 014万,占网民总体的76.0%。手机网络视频用户规模达到5.78亿,较去年末增加2 929万,占手机网民的73.4%,如图8-2所示[①]。随着移动互联网发展,WIFI覆盖范围越来越大,通过手机看视频逐渐成为一种普遍存在的阅读习惯,从

① 42次《中国互联网络发展状况统计报告》[EB/OL].http://www.cnnic.net.cn/hlwfzyj/hlwxzbg/hlwtjbg/201808/t20180820_70488.htm.

美拍到秒拍再到小咖秀,短视频的产品数量暴增并迅速成为人们社交化需求的典范。爱奇艺创始人、CEO 龚宇曾在公开场合表示:"自媒体极有可能成为互联网视频划时代的全新的内容形式"。不可否认短视频时代优质的内容视频产品将会得到更多人的认可,当然也会涌现出越来越受欢迎的 UGC 产品,未来还可能出现更多类似"Papi 酱"的短视频网络红人。

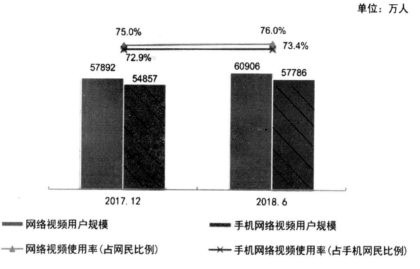

单位:万人

图 8-2　2017.12—2018.6 网络视频／手机网络视频用户规模及使用率

（三）多元化

网红指网络红人,也就是活跃在网络社交平台的一群人,他们可能是草根达人、意见领袖,也可能是明星、教授等知识分子,网红的身份没有什么局限,年龄职业并不限制他们成为网红。早期网红的成名大多存在偶然性,但盘点近年的网络红人事件,比如天仙妹妹、奶茶妹妹、网络小胖,从中不难看出"网络推手"和"网络水军"们的踪影。自媒体的出现,公众在其影响下接受的信息趋向碎片化、微阅读及读图,网络红人根据自身优势而从事的项目也趋向多元化及职业化:有在线直播美容化妆的微博主,有烹饪各种美食的达人,有在国外生活传递外面信息的大 V,也有犀利点评时尚和娱乐的微信公众号,网红涉及的范围更广。如"罗辑"思维、吴晓波频道、万能的大熊等网红将自制的内容推送至媒体便是他们的日常工作。伴随着网红数量的大幅增加,其涉及的领域也在不断扩大,从早期的娱乐内容作品创作以及美妆到接下来的知识科普、信息分享,再到现在的美食、财经等亟待挖掘的新兴垂直领域,都在不断发展成为孕育新生代网红的土壤,2018年微博网红主要领域如图8-3所示。

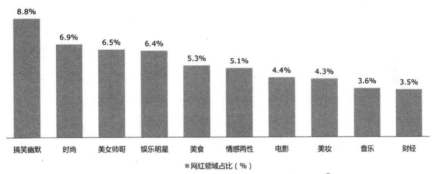

图8-3 2018年微博网红主要领域[①]

(四)运营多元化

网络时代懂得运用平台才可以充分发挥网络资源的作用,可以说平台本身就是最重要的网络资源,任何人都能发表信息供人分享且大部分是免费,有些商家甚至会奖励用户分享。Papi酱在微博走红之后,没有局限于单一的平台,而是辐射到多个平台:微博、微信、今日头条、秒拍、优酷,甚至在AB站、知乎和豆瓣都投放了自己的视频,确保用户打开任何平台后都能够第一时间看到Papi酱的身影。在中国能做到这样全平台渠道的网络红人并不多,Papi酱算是运营很成功的一个。

当前来看,多平台内容分发已经成为商业运营模式的趋势,由于现在网络平台多种多样,而单凭某一种媒体平台是难以获得

---

① 中国网红经济发展洞察报告[EB/OL].http://report.iresearch.cn/report_pdf.aspx?id=3231.

受众的推荐和支持的。当然,再好的媒体资源没有内容做支撑也很难获取点击量。所以,要在保证内容优质的基础上进行多平台推送。

从运营的角度讲,目前很多网红已经不再是以个人为单位开展网络活动,而是将个体团队转化为公司化运营,"Papi酱"就是如此。网红本身具有很高的流量,但为了提升内容质量、持续扩大自己在粉丝群中的影响,网红不得不从个体向团队公司运营的方向发展,或许这就是"Papi酱"愿意接受投资的原因。

虽然网红本身就可以看作热门IP资产,可以实现商业变现,但是从变现渠道来说是十分有限的。目前除了服装行业,其他行业的网红变现平台还没有真正建立。虽然,优酷土豆等视频网站汇集了多家自媒体,但它们却是通过受众人群浏览微信公号、访问微店等一站式电商变现,视频网站本身获益并不多。所以网红经济未来的发展趋势如何,还要看各大网站在网红经济中找寻到的收益方式如何,毕竟商业有利益才能运作。尽管如此,目前网红的收益方式已经呈多元化发展了。除了动辄谈到的淘宝店之外,网红运营更多的还有品牌的植入:代言,广告,甚至拍影视剧。

近年来,网红在这个社会引起了广泛关注,网红经济也受到资本方的重点关注,但是网红具有较强的不确定性强,粉丝对网红的热情能否持久难以预估,因此资本方对此一直比较担忧。但是,未来不管是文化还是娱乐行业必将迎来大爆发,网红经济到时也将发挥出巨大潜力。

二、网红营销

(一)网红营销的核心

早在互联网门户时代,网红就已经存在,只不过当时并没有网红这一概念,从在论坛中崛起的芙蓉姐姐到微博时代的凤姐,再到直播平台的电竞主播等,随着时代的发展,网红群体也在不断更替。而网红真正崛起,则是在 2015 年举行的"淘宝网红经济研讨会"之后。那些拥有独特品位、丰富才艺的网红群体,凭借其拥有的海量粉丝及强大的变现能力被外界广泛关注。人们注意到,网红在经过一定的开发培养后,可以释放出巨大的商业价值。

本质来说,网红塑造的网络形象是以内容为主的,同时会强调品牌的人格化塑造,要注重加强影响力和信息传播能力。其价值创造过程始终是沿着内容创造、传播、交易的主线不断发展的。在这个泛中心化的时代,只要你能够创造出有价值的内容,就可以借助互联网成为外界关注的焦点。从内容创造到传播,再到变现交易,整个价值创造过程都可以在线上快速完成。可以说,一个网红就是一个自带用户流量、拥有较强影响力的人格化品牌。

网红经济的巨大价值创造能力,正反映了当下内容创业的崛起。按照细分来说,网红与明星、名人并不相同,网红具有其独特的特点。

1. 网红内容必须是能塑造出人格化品牌的网生内容

网红创造的内容要想被消费者关注并传播,一定要是在网络环境中定制、改造而来的,不能将线下的人或事物简单地线上化。只有这样,其内容才更具生命力,具体来说,网红创造的内容应该具有以下方面的特点。

一是内容传播还要迎合传播载体、渠道的发展趋势,在不同的环境下选择更加符合自身需求的平台、传播介质及相应的内容格式。

二是内容要能塑造出清晰而明确的人格化品牌,无法让用户产生情感共鸣,不能让用户喜爱或憎恨的内容,无法得到网民的广泛传播。

三是内容要迎合线上传播、变现、再加工等方面的需求,从而让更多的网民参与到价值创造中来,产生更多的增量价值。

2. 网红自带多元化、流量庞大的传播渠道

对于明星、名人来说,其品牌及形象有着较强影响力,其传播

渠道也被广大新闻媒体所控制。而网红则是借助微博、微信、视频网站等具有庞大用户流量的多种传播渠道。在内容传播方式与人们需求心理发生巨大变革的背景下，网红经济将迎来爆发式增长。

3. 内容是决定网红传播效果的关键

虽然对网红创造的内容有一定要求，但是要求比较低，这也是名人、草根都可以成为网红的原因，而且随着科技发展，网红已经不再局限于人类，与国务院总理李克强交流的小度机器人、微软推出的"微软小冰"等都有可能成为网红。只要网红能形成人格化品牌，源源不断地创造出被网民认可并传播的网生内容，在现实中毫无影响力的普通人也可以成为深受网民喜爱的网红。

随着互联网技术的发展以及用户对新奇事物的不断渴求，粉丝们逐渐把注意力从真实存在的人转移到了虚拟创造的"人"和形象上，而这些新的形象，也在逐渐崛起为新一代的网红。和现实人物相比，虚拟人物以其特有的可塑性和趣味性大大增加了自身的传播速度和认知程度。而其自身形式和内容的多样性也赋予了其强大的营销能力，博得了广大广告主的青睐。一禅小和尚、小爱同学和洛天依是当前具有代表性的网络虚拟形象网红，如图8-4所示。

一禅小和尚	小爱同学	洛天依
《一禅小和尚》是由苏州大禹网络所原创的一部网络IP，主人公一禅是一个6岁的小男孩儿。通过各种形式的内容为观众呈现出人性的美好和善良。其微博粉丝数达到350万，动画全网播放量超3.5亿，漫画在有妖气点击数高达1500万。	作为小米首款AI音响的唤醒词，小爱同学在去年成功获得了自己的二次元虚拟形象，并在小米相关设备上线，截至今年5月已有超过3000万人使用过小爱同学。因其"本体"为人工智能，所以通过超强的互动性以及智能性吸引了许多粉丝的关注。	身为中国虚拟人物第一人，洛天依以15岁、单纯冒失的形象进入人们的视线，随后爆红于全网络，成为现象级虚拟偶像。并成功登上2016-2017年湖南卫视跨年晚会。其在2017年年终在上海梅赛德斯奔驰中心举办了自己的第一场演唱会，7000余张门票售卖一空。

图 8-4　具有代表性的网络虚拟形象网红

对于普通人而言,通过外貌、个性、才艺等吸引粉丝群体,是实现从无到有的过程。那些明星、名人被人们了解,最初可能是依靠其线下的影响力,但是他们在线上获得广大粉丝群体的持续关注,却是由于其不断地进行优质内容的创造及生产。

实际上虽然网红的形式不同,但是他们并不存在层级上的差异,决定网红真正价值的是其传播力和影响力,粉丝在其中发挥着重要作用。传播力与渠道有着密切的关联,而影响力则决定了其向用户传播的内容能否被认可、讨论、转发。在这种情况下,既拥有强大品牌影响力,又拥有千万级别忠实粉丝群体的"Papi酱",能拍出 2 200 万元的广告费也就不难理解了。

和其他网生内容比较来看,网红群体的最大特征在于网红可以成为人格化品牌或人格魅力体。粉丝群体认可网红创造的内容及其价值观,其人格化的品牌形象也更容易获得粉丝的信任。归结起来就是:人更倾向于与人交流沟通,能了解自己情感的网红,要比那些代码堆砌成的网生内容更有吸引力。而且在后续的衍生增值服务开发上,人格化的品牌形象有着广阔的发展空间,"罗辑"思维的会员制就是一个典型案例。

从某种程度上讲,内容形式的电商产品其核心卖点其实是品牌信仰,产品只是用来强化品牌信仰的有效工具,通过内容打造的虚拟人格形象及价值观,才是让网红得以创造巨大价值的关键所在。

(二)网红营销的内容生产、传播与消费机制

网红之所以可以获得迅速发展,主要是由于网络时代带来的变革,随着网络信息技术的发展,内容的载体、平台、传播方式等都发生了颠覆性变革,打破了旧的行业秩序,并创造了许多新的发展机遇。而在旧秩序中,目前依然拥有较强影响力的就是电视媒体。

随着电视在我国的普及,原有的信息传播格局发生了变化,我国逐渐进入大众传媒时代。但通过电视进行营销推广的缺陷

在于,企业无法对海量的观众进行精准划分,电视台给出的统计数据过于模糊,广告主只能进行"狂轰滥炸",无法进行有针对性的高效而精准的定制化营销。决定广告费用的核心指标就是收视率,这会使得广告内容的质量无法得到有效保证,以至于广告主认为,只要没有大规模的观众集体吐槽的就算是好广告。对于电视媒体而言,完成变现的主要方式是贴片硬广,只有那些收视率较高的频道推出的黄金栏目,才可以获得较高的收益。

此外,就我国电视频道的实际收视情况来看,不同频道的收视率不同,而收视率较高的频道并不是很多,能够对全国的消费者带来较强品牌影响力的频道更是屈指可数,观众们观看电视节目的黄金时段仅有 3～4 个小时。电视媒体的内容分发能力与内容形式的限制,在很大程度上降低了其在内容传播方面的影响力。

为了提升收视率,电视媒体必须面向观众创造一些具有较大受众面的内容。观众感觉电视节目越来越枯燥乏味,而电视节目制作方为了让更多的观众关注自己,用尽各种手段来留住观众,其结果却导致电视节目陷入越来越差的恶性循环。所以,一些强调个性、时尚的品牌在选择电视媒体进行营销推广时,不得不支付高额的费用,去争抢仅有的几个有较强影响力的电视栏目资源。

而将电视作为信息传播途径的广告制作公司来说,电视节目的收视情况会在一定程度上对广告的传播效果产生一定影响。广告从业者不但要尽量传递出客户的品牌形象,还要和电视节目的大众化属性进行斗争,因为坐在电视机前的观众们可能心思根本就不在电视节目上,因此必须通过有趣味性、彰显个性的广告来吸引观众的注意。

随着网络的发展和普及使用,信息传播结构发生颠覆,上述大众传媒时代的问题得到了有效解决。多元化的内容形式及互联网视频的点播属性,让营销推广发挥的空间大幅度提升,而且海量的影视剧节目及存储空间,极大地促进了垂直广告内容的生产。此外,在互联网时代,垄断性质的媒体资源也正在失去优势地位。

当前,网络营销已经成为重要营销渠道,并且除了已经开发的市场资源外,还存在海量潜在受众。数据统计显示,截至 2018 年 6 月,我国网民规模为 8.02 亿,上半年新增网民 2 968 万人,较 2017 年末增加 3.8%,互联网普及率达 57.7%[①],而且网民群体表现出了层级化、垂直化的特征。借助大数据、云计算等新一代信息技术,可以对网民内容需求进行精准预测。在自由平等的互联网环境中,更加强调个性化及人性化的网红营销内容也相对容易被广大消费者认可。

更为多元的网红营销内容及大量涌现的互联网内容平台,使内容的创造、传播及消费等诸多环节的参与者大量增加,打破了传统固定传播形式对内容传播的限制。在无处不在的互联网的帮助下,多元化、个性化及定制化的信息在人们之间快速、高效地流通。在这种环境下,优质的内容可以迅速传递到世界上的每一个角落,从而在世界范围内吸引更多的粉丝群体。

互联网带来了全新的内容生态,这为网红营销创造了合适的平台。网红以某一特定的消费群体为目标市场,不断创造优质的人格化内容,吸引更多的消费者。网红可以借助微博、微信、视频网站等内容平台进行定制化营销,通过与粉丝的互动,增强粉丝的参与度及忠实度,从而让粉丝主动对自己创造的内容进行评论及分享,最终取得良好的网红营销效果。

网红和明星的不同在于,网红的本质是自带流量而且垂直延伸的品牌形象,这与之前的渠道方模式并不相同,网红在流量分发领域具有极高的话语权。此外,以前明星需要借助渠道方来增加自己的曝光度,从而取得品牌价值;而网红建立的人格化品牌自带传播渠道,凭借自身创造的优质内容即可对接广大粉丝群体,不需要第三方机构。

随着网络的发展,自媒体、视频网站、社交媒体平台等内容平台迅速得到发展,这些全新的内容平台对传统媒体平台造成了巨

---

① 42 次《中国互联网络发展状况统计报告》[EB/OL].http://www.cnnic.net.cn/hlwfzyj/hlwxzbg/hlwtjbg/201808/t20180820_70488.htm.

大的冲击,它们恪守着自由、平等、分享的时代准则,以大量的扶持政策或直接购买的形式吸引优质内容创作者的加入。以前,没有渠道,内容就无法得到传播;如今,内容的介质、形式及传播平台多元化发展,没有内容支持的渠道,终究逃不过被淘汰的命运。

（三）网红营销的注意问题

对于内容生产者而言,可以说当今是有史以来最好的时代,他们可以充分发挥自身的内容优势获得发展的绝佳时机。生产者无须在意除内容之外的其他方面,在持续推出优质内容并保持其风格一致的基础上,经过成熟运营,就能取得最终的成功。

但是并不是谁都可以简单地成为网红,尤其是在网红越来越多的实际情况下,网红的发展关键还是在于内容,内容生态领域的发展应该注意以下几个问题。

1. 将内容作为核心地位

内容是一切的基础,而内容是由生产者创造出来的。团队的发展在很大程度上决定了其整体价值的高低,但很多人忽略了一点,那就是团队化运作仍然无法确保内容的品质。团队运作确实能够推动网红发展,但起决定性作用的,还是中心人物。

从实际生活可以看出,成为网红,开展网红营销并不是一件容易的事情,如果核心人物本身不具备发展潜力,要将其培养成万众瞩目的焦点,几乎是不可能的。对于内容生产来说,不存在规模效应,生产者本身的能力不足,再多的人加起来也不会出现质量方面的改观。想要提高自身的竞争优势,最关键的就是找到具备杰出生产能力与发展潜力的人,为其提供其他方面的支持,激发其创造力。

在创造内容时,应该将内容的整体风格与特征作为重点。而产品的风格取决于其核心生产者,他的价值理念、对整体局势的把握,能够在很大程度上决定产品的定位及发展方向。其他因素,比如团队运营、具体操作步骤以及其他资源,只是进一步突出产品的特征而已。

2. 将格式作为抓手

随着网红经济的发展,很多从业者和相关研究人员注意到研究网红营销的重要性,并且很多人会将一些成功实例作为研究对象开展研究,其中在短视频平台走红的"Papi酱"就是一个研究重点。格式的变革能够影响内容的生产、营销及人们的消费行为。比如,传统博客变成更加精简的微博、"屌丝男士"使大鹏迅速走红、"万万没想到"捧红白客等,格式的创新能够挖掘出流量中隐藏的商业价值。但仍然要注重内容的生产,以特征鲜明的内容结合新格式的应用,才有可能实现大范围推广。

但需要注意的是,网红营销需要明确自己的整体风格,深入研究目标群体的共性特征,采用切合自身与用户需求的内容格式、推广渠道及营销方案,在自身内容风格与新颖格式之间找到契合点,根据自己的实际情况做出决定。

3. 以形势为支点,顺势而为

移动互联网的发展使内容传播的方式更加多样化,传统媒介对内容传播的限制被消除,同时,互联网可以更好地满足不同细分领域的用户对信息内容的不同需求,可以基本上实现信息内容的全面覆盖。这些因素使得越来越多的内容产品,由原本的横向发展转而侧重于在垂直细分领域的发展。而在当今社会,90后的年轻用户逐渐成为社会主体,他们对于亚文化的推崇使这种内容发展趋势越来越明显。在这一大方向的影响下,之前侧重于横向发展而产生的现象级人物会不断减少,比如国外的迈克尔·杰克逊、猫王,中国的邓丽君、李小龙等。可以说,在当今时代,网红的垂直发展已经成为主流,横向发展要取得成功简直是难上加难。"罗辑"思维被认为是粉丝经济实践的杰出代表,但随着粉丝规模趋于稳定,其热度也已逐渐呈下降趋势。

参考文献

[1] 秦阳,秋叶.社群营销运营 [M].北京：人民邮电出版社,2018.

[2] 马克·舍费尔.热点引爆内容营销的 6 个密码 [M].北京：中国人民大学出版社,2017.

[3] 武永梅.社群营销方法技巧、案例分析、应用实战 [M].天津：天津科学技术出版社,2017.

[4] 唐江山,赵亮亮,于木.网红经济思维模式 [M].北京：清华大学出版社,2017.

[5] 曹虎.数字时代的营销战略 [M].北京：机械工业出版社,2017.

[6] 郑丽勇,陈徐彬.中国数字营销蓝皮书 [M].北京：中国财富出版社,2017.

[7] 杨路明.网络营销 [M].北京：机械工业出版社,2017.

[8] 李逸平.网络营销 [M].北京：机械工业出版社,2017.

[9] 杨雪.网络营销 [M].西安：西安电子科技大学出版社,2017.

[10] 李世化.网红经济 3.0[M].北京：中国商业出版社,2017.

[11] 李世化.社群营销引爆粉丝经济 [M].北京：中国商业出版社,2017

[12] 赖明明.内容营销 [M].北京：中国传媒大学出版社,2017.

[13] 孔斌国际网校.粉丝红利 解密企业转型与收入快速增长内幕 [M].北京：中国铁道出版社,2016.

[14] 海天理财.移动互联网营销推广宝典 [M].北京：清华大学出版社,2016.

[15] 马宝龙.数字营销战略 [M].北京：清华大学出版社,2016.

[16] 金定海,徐进.原生营销：再造生活场景 [M].北京：中国传媒大学出版社,2016.

[17] 王晓峰,张永强,吴笑一.零售 4.0 时代 [M].北京：中信出版社,2016.

[18] 张鹏,峥嵘.从 1.0 到 4.0 移动互联网时代的零售就该这样做 [M].北京：人民邮电出版社,2016.

[19] 秦绪文.社群营销这样玩最赚钱 [M].北京：人民邮电出版社,2016.

[20] 袁国宝,谢利明.网红经济 [M].北京：企业管理出版社,2016.

[21] 柏君.粉丝经济学 [M].广州：广东经济出版社,2016.

[22] 王先明,陈建英.网红经济 3.0[M].北京：当代世界出版社,2016.

[23] 谭贤.新网络营销推广实战从入门到精通 [M].北京：人民邮电出版社,2015.

[24] 李军.实战大数据 客户定位与精准营销 [M].北京：清华大学出版社,2015.

[25] 谭贤.O2O 营销实战宝典 [M].北京：人民邮电出版社,2015.

[26] 黄钰茗.粉丝经济学 [M].北京：电子工业出版社,2015.

[27] 智军.社群运营 [M].北京：机械工业出版社,2015.

[28] 陶红亮."互联网 +"网络营销推广实战宝典 [M].北京：中国华侨出版社,2015.

[29] 陈建英.互联网 + 大数据 精准营销的力气 [M].北京：人民邮电出版社,2015.

[30] 李奇,毕传福.大数据时代精准营销：从 IT 到 DT 营销

之道 [M]. 北京：人民邮电出版社，2015.

[31] 赵光辉，荀关玉，刘绍吉 . 网络营销原理与实务 [M]. 北京：北京交通大学出版社，2015.

[32] 李军 .O2O 移动互联网营销完全攻略 [M]. 北京：清华大学出版社，2014.

[33] 祖静 . 内容营销 [M]. 北京：企业管理出版社，2014.

[34] 苏高 . 大数据时代的营销与商业分析 [M]. 北京：中国铁道出版社，2014.

[35] 叶开 . 粉丝经济 [M]. 北京：中国华侨出版社，2014.

[36] 瞿彭志 . 网络营销 [M]. 北京：高等教育出版社，2009.

[37] 邓少灵 . 网络营销学 [M]. 广州：中山大学出版社，2009.

[38] 乌跃良 . 网络营销 [M]. 大连：东北财经大学出版社，2009.

[39] 李刚 . 新媒体的营销环境与营销策略的创新探讨 [J]. 新闻研究导刊，2018，9（19）：156+172.

[40] 齐玮 . 大数据时代下的市场营销机遇与挑战 [J]. 科学大众（科学教育），2018（10）：185.

[41] 任晶洁 . 网络经济时代市场营销管理的机遇与挑战探讨 [J]. 纳税，2018，12（26）：142–143.

[42] 肖琨，石海霞，张雷 . 浅谈网络经济时代市场营销策略的转变 [J]. 民营科技，2018（12）：235.

[43] 吕金秋 . 浅谈网店运营中客户数据分析与应用 [J]. 全国流通经济，2018（28）：11–12.

[44] 胡青 . 数据挖掘与零售客户精准营销探析 [J]. 金融科技时代，2017（12）：18–24.

[45] 张平 . 应用于战略管理的互联网零售客户画像系统构建研究 [D]. 中国财政科学研究院，2018.

[46] 翟涌 . 面向石油批发销售的客户价值分析系统 [D]. 山东大学，2018.

[47] 曾小青，张若欣，欧阳文光，等 . 大数据环境下精准客户

定位的社交网络分析 [J]. 计算机工程与应用, 2017, 53（15）: 85-94.

[48] 李渊, 白洁, 李红云. 内容营销的战略及特点 [J]. 中外企业家, 2017（12）: 35.

[49] 肖定菊. 大数据背景下内容营销实施战略 [J]. 商场现代化, 2017（5）: 86-87.

[50] 张美娟, 刘芳明. 数媒时代的内容营销研究 [J]. 出版科学, 2017（2）: 8-13+28.

[51] 解晶晶. 微信O2O营销模式发展中面临的问题 [J]. 管理观察, 2017（24）: 92-93.

[52] 樊鑫慧, 程宇, 赵靖怡. 粉丝经济运营模式及其影响分析 [J]. 全国流通经济, 2018（30）: 79-80.

[53] 徐岚. 网红经济背景下企业借势营销的战略探究 [J]. 中国市场, 2018（35）: 133-134.